아르카디아

현대수필가100인선 II · 68

아르카디아

김추리 수필선

수필과비평사 · 좋은수필사

■ 책머리에

　수필은 누구나 부담 없이 읽고, 마음만 먹으면 직접 쓸 수도 있는 가장 친근한 문학이다. 다른 영역의 문학이 영상매체에 밀려 신음하고 있는 중에도 수필 인구만은 날로 증가하여 바야흐로 수필 전성시대를 구가하고 있는 이유도 거기에 있을 것이다.
　시대적 추세에 힘입어 수많은 수필전문지, 수필동인지가 창간되고, 이에 비례하여 신진 수필가도 날로 늘어나다 보니 이제는 그 많은 작가, 그 많은 작품 중에서 문학성 높은 작품을 가려 읽는 일이 쉽지 않게 되었다. 이런 현상은 작가에게나 독자에게나 결코 바람직한 일이 아니다. 더 나아가서는 수필을 연구하는 후세들에게도 큰 부담이 될 것이다.
　이런 문제를 해결하는 데는 출판인도 마땅히 한몫을 감당해야 한다는 평소의 소신에 따라, 본사가 기꺼이 그 역할을 맡기로 했다. 그 첫 번째 사업으로 시대를 대표할 만한 수필가 100인을 선정하고, 작가가 자선한 40편 내외의 작품을 수록한 문고본을 발간하여 이를 널리 보급함으로써 그 소임을 다하고자 한다.
　본사는 사명감을 가지고 이 사업을 추진해 나가기로 했다. 작가 선정을 전담할 편집위원회를 구성하고 전권을 위임하여 일체의 사적인 정실이나 청탁을 배제함으로써 전문성과 공정성을 확보해 나갈 것이다.
　따라서 이 기획물 속에는 작가의 문학정신뿐만 아니라, 본사의 문학사적 기여 의지와 편집위원 제위의 수필문학에 대한 애정과 문인으로서의 양심이 함께 담겨 있음을 자부한다. 다만, 작가를 선정하는 기준에는 많은 견해의 차이가 있을 수 있고, 선정 과정에서도 미처 챙기지 못한 부분이 있을 것이라는 사실만은 인정하지 않을 수 없다. 이 점에 대해서는 관계자 여러분의 양해 있으시기 바란다.

 이 시리즈의 발간 순서는 작가, 또는 본사의 사정에 의한 것일 뿐 그 밖의 어떤 기준도 적용하지 않았음을 밝힌다.

 본 기획물이 시대를 초월한 많은 수필 애호가들의 관심과 애정 속에 우리나라 수필문학 발전에 한 이정표가 되기를 바랄 뿐이다.

 본사에서는 이상과 같은 취지로 『현대수필가 100인선』 전 100권을 완간하여 큰 반향을 불러일으킨 바 있다.

 그러나 우리 수필문단의 규모나 수필문학의 수준에 비추어 선정 작가를 100인으로 한정하는 것은 형평성이나 효율성 면에서 크게 부족하다는 의견이 많았고, 본사 또한 이를 통감하던 터라 기꺼이 『현대수필가 100인선Ⅱ』를 발간하기로 했다.

 본사의 충정에 찬동하여 출판에 응해주신 저자 여러분에게 감사한다.

2014년 9월

수필과비평·좋은수필 발행인 서정환
현대수필가 100인선 간행 편집위원 박재식 최병호
정진권 강호형
오세윤

차례 | 현대수필가100인선 II · 68

1_부 행복을 그리다

우담바라 • 12
규화목 • 16
아르카디아 • 20
아기 업은 소녀 • 28
행복을 그리다 • 33
꽃자리 • 38
꽃살문 연지 • 42
무성서원에서 〈상춘곡〉을 떠올리다 • 46

2_부 타래난초가 말했어요

늦가을비 • 54
멜라초 • 59
타래난초가 말했어요 • 63
개다래나무 • 68
뚱딴지꽃 • 72
바람꽃 바람 따라 • 76
철부지 • 81
경기전의 나무들 • 85

3_부 산길 따라 물길 따라

강을 건너는 우렁 • 92
옥수수 • 99
샘바다의 부부나무 • 104
아침을 여는 소리 • 108
코밑의 가로 • 114
산길 따라 물길 따라 • 119
톡톡, 한반도의 허리 • 125
쌀밥 신세 • 132

4_부 은하수를 건너는 백조

별탑 • 140
은하수를 건너는 백조 • 147
별똥별 • 152
오월의 산길 • 159
그가 떠오를 때면 • 163
무인도에서 새운 하룻밤 • 168
뻐꾸기 소리 • 173
타잔이 형님 • 179

5_부 물뿌랭이 마을

섬진강의 탯자리 • 186
만경강의 시원 • 191
물뿌랭이 마을 • 195
귀래정歸來亭 • 199
한바탕 푸지게 놀아보세 • 205
변함없는 변화 • 211
꽃샘잎샘바람 • 217
새의 날개를 달다 • 221

◼ 작가연보 • 226

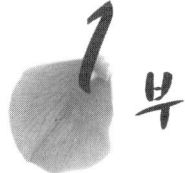

1부

우담바라
규화목
아르카디아
아기 업은 소녀
행복을 그리다
꽃자리
꽃살문 연지
무성서원에서 〈상춘곡〉을 떠올리다

우담바라

　운전대 바로 앞 유리에 우담바라 열일곱 송이가 피었습니다. 보일 듯 말 듯 가는 줄기에 아주 작은 하얀 꽃이 신기하고 예쁩니다. 남편은 며칠째 고민입니다. 닦아내야 할지 그냥 둬야 할지. "어쩌자고 하필 이곳에 피었느냐."며 이러지도 저러지도 못합니다.
　식물은 보통 자기가 살아야 할 곳을 선택할 수 없습니다. 사람은 자기가 필요로 하는 식물의 씨가 여물기를 기다려 알뜰하게 채취하여 다음 발아를 위해 갈무리를 하지요. 그러나 그런 경우가 아니라면 보통 제 스스로가 아닌 무엇인가의 도움을 받아 제 살길을 찾아야 합니다. 바람에 의존하거나 곤충의 힘을 의지하기도 하지요. 더러는 물살에 제 몸을 맡겨 삶의 터를 찾아 나서기도 합니다. 결코 그런 과정들이 쉽지만은 않지요.

때로는 얄궂게도 엉뚱한 곳에 떨어지거나 쓸려가 고충을 겪어야 합니다.

오가는 길목 바짝 마른 바람벽에 괭이밥이 자라고 있습니다. 일 년여 사랑초라는 풀꽃에 눈을 뜨고 나니 온갖 곳에서 사랑초가 보이고 괭이밥에까지 눈이 갑니다. 괭이밥은 아무 곳에서나 자라는 바리데기 같은 잡초입니다. 흔전만전 천덕꾸러기 그 풀때기가 산동네에서도 가장 가난한 집 금간 벽에 붙어살다가 제 눈에 띈 것입니다. 바람벽에 뿌리를 내렸으니 물인들 제대로 먹었을 리 만무한데도 벽을 타고 내린 모양새가 예쁘고 단아하기 그지없습니다. 해가 쨍한 날에는 보석 같은 노랑꽃을 반짝반짝 피웁니다. 나는 때 없이 그곳에 멈춰 서곤 합니다. 백 개도 넘는 계단을 오르느라 숨찬 걸음이지만 괭이밥 노란 풀꽃 앞에 서면 평온합니다. 작지만 또렷한 다섯 장의 노란색 꽃잎, 어떤 노랑보다 고운 노란 색깔로 때깔이 납니다. 작디작은 초록색 잎은 또렷하고도 야무진 하트 모양이지요. 저 살기도 벅찬 풀꽃이지만 웃는 낯꽃으로 계단을 오르느라 헐떡이는 숨을 가다듬어 줍니다.

어쩌자고 숨가쁜 언덕배기 허름한 벽에 터를 잡고 살게 됐는지. 그 볼품없는 틈새라도 목숨 붙여 살겠다고, 하늘이 주는 빗물에라도 목축이며 살아보겠다고, 바동대는 모습이 왜 그리 처절한지. 옆에는 작년 것인지 재작년 것인지 모를 바짝 말라 죽은 괭이밥 두어 포기가 백골처럼 늘어져 있습니다. 비록 볼품없는 주검의 흔적일지라도 종자 한 알 겨우 저곳에 남겼었구나 싶어 눈시울이 붉어집니다.

어느 날 아버지가 혼잣말로 중얼거리셨습니다. "세상은 넓고 넓은데…. 우리 아버지는 너른 땅 다 놔두고 어찌 이런 좁은 골짝에 자리를 잡았는지 몰라." 얼마나 살기가 팍팍했으면 그런 말씀을 하셨을까. 지금도 그 말씀을 더듬다보면 가슴이 뭉클합니다. 워낙 부지런하고 긍정적인 아버지. 청년이 되기도 전 당신의 아버지를 여의고 홀어머니와 동생들 뒷바라지하며 일제탄압과 육이오를 맨몸으로 겪으신 아버지. 아버지의 삶이 얼마나 모질고 혹독하셨을까요. 평생 한눈 한번 팔 새 없이 살뜰히 칠남매를 건사하시고 어머니에게는 최고의 남편으로 소문 자자한 아버지가 오늘따라 더욱 그립습니다.

메마른 벽에 붙어서도 고운 꽃을 피운 괭이밥을 오래오래 바라봅니다. 이 길을 오갈 때마다 마음이 쏠렸던 이유를 이제야 알 듯싶습니다. 혹독한 환경에서도 제 아픔을 다듬어 아름다운 꽃을 피우고 씨앗을 여물리는 한 포기 풀이 제게는 훌륭한 반면교사가 됩니다.

우담바라는 삼천 년에 한 번 피는 꽃이라고 합니다. 길상화라고도 하며 천복을 타고나야 볼 수 있다고도 합니다. 불가에서는 무량억겁에 만나는 인연인 듯 부처의 공덕을 귀히 여겨 듣고 새겨야 볼 수 있다고 한답니다. 그런 우담바라가 우리 자동차에 고이 피었으니 횡재가 분명합니다.

그러나 한편에선 우담바라가 풀잠자리 알이라고도 하지요. 어쩜 그게 더 신빙성이 있는 것 같기도 합니다만, 어쨌거나 우리는 차 안에 피어난 우담바라를 보며 상서로운 징조라고 편안한 미소를 짓습니다. 우리 앞에 좋은 일이 일어날 것이라는 생각을 합니다. 아버지가 당신 앞에 주어진 세상을 긍정적으로 살아낸 것처럼, 우리 앞에 피워준 우담바라를 마음 깊이 귀한 선물로 간직합니다.

풀잠자리는 어찌 움직일 수 없는 식물도 아니면서 자동차 안에까지 들어와 알을 낳았을까요. 마땅한 풀잎에 알을 낳았더라면 좋지 않았을까요. 그러기에 우리의 눈에 띈 그것은 단순히 풀잠자리의 알이 아닌 게지요. 바람에 한들한들 평화로운 열일곱 송이의 우담바라인 것이지요.

그렇다고 눈에 보이는 현상에 집착하는 것은 아닙니다. 이런 기회를 준 우담바라가 품고 있는 삶의 내면을 새겨두려는 것입니다. 바람벽에 빌붙어서라도 기어이 아름다운 꽃을 피우는 괭이밥처럼 말입니다. 나는 여름이 다 가고 찬바람이 불 때까지 언덕배기 계단을 오르내리며 괭이밥의 삶을 가슴속 깊이 새겨둘 것입니다.

규화목

나무의 죽음인가. 돌의 탄생인가.

생을 마치는 순간, 나무는 주검을 늪에 묻히고 새로운 숨을 쉬었다. 들숨 따라 시작된 광물들의 침투로 온몸에 색색의 열꽃이 피었다. 어둠의 배려로 수백 년 지난 삶을 망각하고 날마다 수만 년을 이어갈 신화창조를 꿈꾸었다.

무엇을 바라는가. 무엇을 기다리는가.

우주 멀리, 저 멀리, 안드로메다의 별들이 보내주는 신비의 빛으로 나무의 진액을 뱉어내면서 꼿꼿하게 맥을 세우고 본연의 나뭇결과 동그란 나이테를 움켜쥐었다. 긴긴날이 속속 지나가고, 죽고도 죽지 않은 나무돌이 되어 수만 년 살아갈 새 생명을 부여받았다.

규화목. 나무가 죽어, 새로운 몸으로 태어나서, 화석이 된,

새 이름이다. 모양도 성질도 치환의 고통과 경이로움으로 단련하여 견고한 돌이 된 나무.

　나무의 숨이 멎자 미생물이나 박테리아가 달려들었을 터다. 주검이 썩기 전, 늪지대나 갯벌에 파묻히거나, 진흙에 몸을 부린 채 침잠하거나 모래바람에 묻히게 되었을 그 때, 광물질이 공기보다 앞서 죽은 나무의 물관을 타고 스며들었다. 점, 점, 점, 아주 기나긴 시간 동안 파랗고 붉은 또는 노란색의 빛이 스미어 신비스런 광물이 되었다. 본래 나무의 성분은 다 사라지고 형태는 그대로 화석으로 남았다. 나무나 돌이나 감각이 없는 무정물이긴 매한가지이나 아무리 소소영령이 없다 한들 생장하는 생물인 나무와 무생물인 돌이 똑같을 수는 없겠다는 생각은 나의 무례함인가.

　그러나 나는 광물로 태어난 규화목을 나무의 화신으로 우러르고 사랑한다. 오래된 것들에게 보내는 나의 존경 방식이다. 비록 누군가가 과학의 힘을 빌려 알아낸 상식으로 규화목의 내력을 읽었지만, 규화목을 마주친 순간 나는 그 신비스러움에 감동할 수밖에 없었다.

　맨 처음 규화목을 만난 건 오래전, 창덕궁 후원 승재정 앞에서였다. 검은빛이 나는 그 돌이 예사롭지 않아 걸음을 멈추고 오래 들여다보았다. 짧은 안내문을 읽고 나서야 그 돌 같은 나무가 아니, 나무 같은 돌이 생전 처음 보게 된 규화목이란 걸 알았다. 규화목이란 걸 어렴풋이 알고 나니 차츰 그것에 관심이 일고 눈이 틔었다. 베이징 여행을 할 때는 일부러 '규화목 공원'을 찾아가게 되었고, 제주도를 여러 차례 오가면서도 관심 두지 않았던 '생각하는 정원'의 규화목을 일부러 찾아가 관람했다.

그 몇 년 후, 곤지암 '화담숲'에 갔다. 소문대로 잘 조성된 아름다운 숲이었다. 매끈하게 닦인 길을 따라가며 경쾌하게 봄을 노래하면서 마음껏 풍광을 즐겼다. 자작나무 숲을 지나고, 분재처럼 잘 다듬어 가꾼 소나무 정원을 지나고, 120년이나 된 분재가 있는 예사롭지 않은 분재원을 휘둘러보고 나오는데, 와~, 각양각색의 규화목들이 나타났다. 인도네시아산 규화목으로 300점이나 된다고 설명문에 적혀 있다. 이런 광경을 만나면 으레 환호작약하며 탄성이 터지고 가슴이 쿵쾅쿵쾅 뛸 법도 한데 그날, 그 앞에 서니 오히려 마음이 차분해지며 발걸음은 천천히 조신해졌다. 규화목을 받들어온 오랜 날들이 다가선 때문인가.

크고 작은 규화목을 향해 마치 백 살 어른을 뵙듯 눈을 낮추어 인사를 올렸다. 오랫동안 참선을 하다 열반에 든 선승의 모습이 저러할까. 골고다 언덕 예수의 자태가 저러할까. 단군신화 속 태백산의 신단수가 저러할까.

숭고하다. 내 눈에는 저 규화목이 아무리 봐도 돌이 아니다. 나무가 아니다. 금강석도 아니다. 마치 저 나뭇결 결결마다, 나무 아닌 나무 어디에서 혼령이라도 나올 듯 경이롭고 매섭다. 범접 못할 서릿발 같은 기운에 오싹 한기가 들 정도로 고고하다. 분명 나무이면서 석영인 양, 매끈매끈 보석인 듯, 반짝거리는 돌. 예측하기 어려운 수많은 시간을 품어 안고 견디며 지내온 시간들을 끌어안은 나무 아닌 나무, 앞으로 수만 년을 살아가야 할 돌 아닌 돌, 죽었으면서 살아 있는 나무의 혼신이 스민 돌이다.

  규화목 앞에 엎드려 그 오래된 몸을 쓸어 만져본다. 셀 수 없는 하많은 시간들이, 압축된 차가운 몸결이, 손바닥을 타고 뜨겁게 흘러 스며든다. 차곡차곡 채워 눌러둔 나의 가슴이 누름돌을 들추고 속속들이 함께 타오른다.

아르카디아

〈화가들의 천국〉 전람회장 문 앞이 장사진이다. 퐁피두센터 특별전을 볼 수 있다는 설렘을 지그시 누른 채 늘어선 줄에 이어 섰다. 전시실 입구엔 니콜라 푸생의 〈아르카디아의 목자들〉이 실실이 늘어져 있다. 손 닿는 대로 살짝 젖히기만 하면 들어갈 수 있는 문. 천국의 문을 여는 것인가. 무덤의 문을 여는 것인가.

실 커튼에 그려진 목자들이 가리키는 무덤 뒤쪽으로 들어가니 초원에 양떼 한 무리가 엉켜 서 있다. 어라? 몇 마리 빼고는 머리가 없다? 어어? 오오! 푹신한 털을 가진 양들은 의자였다. 편안하게 앉을 수 있는 의자. 그러나 앉을 수 없는 의자. 의미심장한 양 모양의 의자들을 지나 어둑한 전시장으로 들어선다.

피에르 보나르의 〈꽃이 핀 아몬드나무〉 앞에 사람들이 몰려

있다. 아몬드나무는 가지마다 눈부신 하얀 꽃으로 화폭 가득 봄이 활짝 피었다. 고흐의 아몬드나무와는 전혀 다른 색감, 다른 느낌으로 나무 주변까지 온통 꽃 색으로 환하다. 아틀리에에서 보이는 창밖 풍경을 그렸다는 작품 〈미모사가 피어 있는 아틀리에〉 역시 노랑으로 몽실몽실 봄이 피어오른다. 그림 속의 무르익어 가는 봄을 찬탄하는 관람객들의 표정도 봄빛처럼 따스하다.

미모사 그림 맨 아래쪽에 조그맣게 그려진 여인의 얼굴은 그의 작품에 모티브를 제공해 주고 그가 평생 모델로 삼았던 그의 부인 마르트다. 보나르가 자기의 대표작에 낙관처럼 아내의 얼굴을 그려 넣은 건 어떤 의미일까? 보나르는 스물여섯 살에 마르트를 만나 오십여 년을 부부의 연으로, 화가와 모델의 관계로 살았으면서도 일흔다섯 살에 마르트를 잃고 갈색 머리가 갑자기 은발이 될 정도로 아내를 애틋하게 그리워했다. 그들의 아름다운 인연에 가슴이 찌르르 울린다. 운명적인 여인 마르트를 모티브 삼아 384점이나 되는 그림을 그렸다는 보나르는 마르트를 진정으로 사랑한 남자다.

반면에 20세기의 가장 유명한 화가로 불리는 파블로 피카소는 여자 복이 많았다고 한다. 여인을 진정으로 사랑한 남자와 여자복이 많은 남자. 두 말에 묘한 말맛이 풍긴다. 파블로 피카소의 〈누워 있는 여인〉은 피카소의 그림답게 초현실적으로 희한하다. 여인의 풍만함과 육감적인 모습, 그 매력을 표현한 그림이다. 이 유명한 희대 명화가 내 눈에는 마치 오통통한 갑오징어의 한 부분을 보는 것 같다. 당시 명성을 떨치던 중년의 피카소가 파리의 지하철역에서 한 소녀를 만났다. 어린 소녀에게 다가가 "나, 피카소야." 하고 말을 걸자 그 소녀는 "피카소가 누군데요?"라고 대답한다. 그 소녀가 바로 피카소의 어린 연인이 된 마리 테레즈 월터라는 〈누워 있는 여인〉의 모델이다. 빛나는 하얀 피부를 가진 이 여인은 부풀 대로 부푼 감정을 온몸으로 발산하는 듯 하나의 그림 안에서 앞모습, 뒷모습, 옆모습이 누워 있는 듯, 엎어져 있는 듯, 구르는 듯 역동적으로 보인다. 연노랑의 피부색과 바탕의 보라색, 볼륨감 있는 굵은 선 안에 강조하듯 채워진 빨간색과 그 끝부분에서 길어난 듯한 초록 줄기의 초록색 꽃들이 서로 보색 관계를 이루며 강렬하게 시선을 자극한다. 현란하다. 그러면서 왠지 모르게 풍요로움이 가득하다.

샤를 라피크의 〈목자의 잠〉, 앙드레 마송의 〈여름의 기분전환〉, 빈센트 반 고흐의 〈까마귀 나는 밀밭〉, 페르낭 레제의 〈여가 – 루이 다비드에게 보내는 경의〉와 같은, 발길을 잡는 명화들 앞에서 약속된 관람시간이 짧기만 하다.

보들레르의 시를 좋아했다는 앙리 마티스의 작품도 여러 점이다. 〈붉은색 실내〉는 제목 그대로 방안이 온통 붉다. 식탁과 차 탁자, 바닥과 벽도 붉다. 심지어 액자소설처럼 그림 속의 그림에 그려진 양탄자도 붉다. 붉은 색채로 훈훈해진 마음을 한더위의 등목만큼이나 일시에 시원하게 해주는 작품이 있다. 넓은 벽을 가득 채운 〈폴리네시아, 하늘〉과 〈폴리네시아, 바다〉가 속을 뻥 뚫어 줄 정도로 시원스레 펼쳐져 있다. 마티스가 말년에 그린 그림이다. 연하고 진한 청색 바탕에 새와 꽃, 물고기 등을 나타내는 하얀색 모양들. 맑고 선명하다. 그 지역을 여행했을 때 본 푸르디푸른 하늘과 비행기에서도 색색으로 환히 비치던 바다가 그림처럼 떠올라 몇 번이나 그림 위로 눈동자가 오간다. 아름다운 자연을 되살려주는 그림, 물밀듯이 밀려오는 추억은 삶의 기쁨, 바로 인생의 아르카디아라고 할 수 있을 것이다.

추억의 달콤함을 담고 마르코 샤갈의 〈무지개〉 앞에 멈춰섰다. 화첩 위에 꿈인 양 토막토막 얹어놓은 이야기들. 줄줄이 이으면 한 편의 소설이 엮어질까. 색채의 마법사 또는 빛의 마법사라는 샤갈. 물결처럼 멀리멀리 겹겹으로 퍼져가는 하얀 무지개에 숨겨놓은 그의 아르카디아는 어디쯤일까. 일곱 빛깔을 늘어놓지 않고도 무지개를 그린 그를 어떻게 좋아하지 않고 배길쏜가. 말갈기에 거꾸로 앉아 꿈을 꾸는 듯한 남자, 아름다운 가슴을 다 드러낸 여인은 하늘에 떠서 고개를 숙이고 무엇을 바라보는지. 유별나게 머리가 큰 새를 타고 무지개 사이를 날아다니는 그에게 지상의 무지개는 꿈의 사다리가 될까. 그믐달이 둘씩 떠 있는 새벽에 꾸는 꿈은 생생하다. 그믐달 아래 어깨를 기대고 다정히 서 있는 연인들은 무슨 꿈을 꾸는지?

이 그림에서 왜 자꾸만 꿈을 연상하는지? 훗날 퐁피두센터에 가는 날엔 그림 속의 에펠탑에도 올라보겠다는 새로운 꿈을 하나 더 늘린다. 흰색 하나에 숨겨진 일곱 빛깔의 무지개는 꿈꾸는 자들의 아르카디아이다.

호앙 미로의 〈블루Ⅱ〉는 거대한 캔버스 가득 펼쳐진 파란색, 빨간 막대기 하나, 일렬로 뚝뚝 찍힌 점 열두 개가 전부다. 그림에 대한 상식이 부족한 나로서는 너무 애매하다. 그렇지만 상상할 수 없을 만큼, 정말 시원스런 색이다. 또 이번 전시를 위해 액자를 분리해서 가져왔다는 가로 6m가 넘는 초대형 작품 〈어둠 속의 사람과 새〉는 아리송하다. 난해한 시를 대하는 것만큼이나 무덤덤하고 갑갑하다.

이젠 〈그늘을 들이마시다〉라는 제목의 설치미술작품 관람 시간이다. 커다란 벽돌 모양의 철망 안에 가득 채운 월계수 잎 더미를 넓은 전시실 사방 벽에 차곡차곡 천장까지 쌓아 놓았다. 가슴 높이쯤에 폐 모양의 조그만 황금 브론즈가 걸려 있다. 처음엔 진초록이었을 월계수 잎 더미는 시간이 지남에 따라 점점 색깔이 변하고, 향은 엷어지고 잎의 물기는 다 달아나 버렸을 것이다. 갈수록 변할 수밖에 없는 운명을 느끼게 한다. 우리는 그 작품 안에서 숨결을 고르고 향기를 느끼며 어떤 가치를 찾고자 한다. 월계수 벽에 걸린 두 개의 폐 모양 조형물은 휴식을 취하는 우리의 모습이 아닐지. 전시장을 찾는 이 시간도, 잠시 이 방에서 마른 나뭇잎의 향기를 들이마시는 것도 천국에 든 시간이다.

　슬슬 다리가 무거워지고 피로를 느낄 즈음 〈풀밭 위의 점심식사〉를 만났다. 3~5m나 되는 거대한 그림은 영화관에서 영화를 볼 때처럼 멀리 떨어져 봐야 한다. 러시아의 팝아트 화가인 블라디미르 두보사르스키와 알렉산더 비노그라도프의 공동작품인 〈풀밭 위의 점심식사〉. 그야말로 이상향의 한 장면인지, 자연으로 돌아가고픈 인간의 아귀찬 소망인지, 유토피아인지 분간하기 어렵다. 등장인물 모두가 발가벗은 모습으로 풀밭 위에서 사자, 기린 같은 갖가지 짐승들과 새들과 어울리는 풍경이 낯설기만 하다. 아담과 이브가 선악과를 따먹지 않았다면 우리는 저 그림대로 살았을지도 몰라. 한편 옆엔 친절하게도 축소한 그림에는 마네, 모네, 고갱, 고흐, 드가, 세잔, 르누아르, 로트렉, 피사로 등 그림 속 인물들을 하나하나 소개해 놓았다. 잠시 그림 속의 자유분방한 모습들이 작가가 그린 그림이란 걸 망각하고 실물을 찍은 사진으로 착각했다. 세계 화단을 주름잡는 거장들이 발가벗은 채 알몸의 여자들 사이사이에 끼어 모델도 취하기 민망한 자세를 하고 있다는 게 망측하다. 휴~~! 오래전부터 숨겨진 열망이나 쾌락으로 보아왔던 같은 제목인 마네의 〈풀밭 위의 점심식사〉보다 몇 배나 민망하다.

　사람살이의 배경이 되어주는 자연과 하나되어 몽환적 삶을 살고 싶은 열망을 그림으로 표현해내는 화가들의 손끝은 위대하다. 누군들 열락을 구하지 않는 사람이 있을까만 그 뒤를 따르는 허무를 감당해야 하는 게 삶이다. 대가들의 훌륭한 작품을 보며 호사를 누렸다.

다시 한번 〈블루Ⅱ〉 앞에 섰다. 엄청나게 넓은 캔버스의 파란 부분, 짧은 막대기, 작은 점들을 그냥 바라본다. 이 그림을 이해하겠다는 욕심을 버린다. 보는 눈을 기르다 보면 저절로 보이는 날이 있을 거란 생각조차 버린다. 어쩌면 누군가를 위해 붓을 세워두고 물감을 뚝뚝 떨어뜨려 놓은 것은 아닐까? 한쪽에 세워진 빨강 막대기를 붓처럼 잡고 크고 작은 검은 점을 이용하여 그림을 그리는 상상을 해 본다. 붓 잡은 손을 어떻게 놀려야 할지 막막하다. 붓을 잡았다고 다 그림을 그릴 수 있는 건 아니다. 화가의 손길에 따라 그림은 수없이 다른 모습으로 탄생을 거듭할 것이다.

《화가들의 천국》을 관람하는 동안 줄곧 아르카디아를 순례하는 시간이었다. 아르카디아는 그리스 중부의 척박한 산악지역으로 사람이 살기 힘든 곳이다. 시인 폴리비오스는 무지한 목동들로 가득한 황량한 곳이라고 했지만 베르길리우스는 그의 시를 통해 축복과 풍요의 땅으로 묘사했다. 그는 목신 판을 아르카디아의 신으로 추앙하고 요정들을 등장시켰다. 그로 인해 아르카디아는 그림과 시 속에서 풍요의 상징이 되었다. 다빈치의 그림에서 예수와 유다의 모델이 한 사람이었듯이 천국과 죽음은 한 곳일 수 있고 환희와 허무도 한 자리에 있을 수 있다. 천국과 낙원을 상징하는 아르카디아.

이제 관람을 마쳤으니 낙원의 문을 나가야 한다. 들어올 때와 나갈 때의 문은 다르나 둘 다 중요하긴 매한가지다. 아르카디아를 안내하고 아르카디아를 누리는 사람 또한 바로 자기 자신이다.

아기 업은 소녀
〈한국근대미술걸작전 – 근대를 묻다〉

여기저기 미술전을 알리는 현수막이 펄럭인다. 푸른색 두루마기에 중절모를 쓰고 왼손엔 팔레트, 오른손엔 붓을 잡고 서 있는 이쾌대의 그림 〈두루마기 입은 자화상〉이다. 진한 눈썹과, 커다란 눈동자는 화룡점정畵龍點睛의 순간 화폭을 응시하는 모습이다. 현수막만 보아도 마음이 설렌다. 첫새벽부터 출발하기 참 잘했다. 서둘러 덕수궁미술관으로 향한다.

〈한국근대미술걸작전 – 근대를 묻다〉는 근대성을 찾기 위해 '근대인, 근대인의 일상, 근대의 풍경, 근대인의 꿈' 등을 주제로 구성하였다. 인권, 평등, 자유를 근간으로 얻어진 근대성은 근대화를 통한 개개인의 경험으로 일상적인 생활 곳곳에서 나타났다. 현대 이전의 생활상이니 1950년대 중반 출생인 나로서는 본듯 안 본듯, 알듯 말듯한 시기의 일들이다.

20세기 전반의 격변했던 역사의 흔적인 이중섭, 나혜석, 김은호, 이응로, 허건, 천경자, 박래현, 김기창 등 한국 근대 거장 105명의 작품 232점을 볼 수 있는 대규모 전시장. 이중 100여 점은 일반에게 처음으로 공개되는 작품이다. 미술관 입구에서 안내팸플릿과 책갈피를 받았다. 자그마한 책갈피엔 박수근의 〈아기 업은 소녀〉가 인쇄되어 있다. 그림이 그리고 싶어 밀레 같은 화가가 되게 해달라고 기도를 했다는 한국의 밀레 박수근. 권정생의 〈몽실언니〉가 생각나는 그림 〈아기 업은 소녀〉를 찾아 그 앞에 섰다.

  화가 박수근은 일생을 바쳐 서민의 삶을 소재로 인간의 선함과 진실함을 그렸다. 우리 민족의 일상적인 모습을 따뜻한 시선으로 그려낸 그는 소박한 삶의 아름다움을 표현한 서민화가이자 가장 한국적인 화가로 평가받고 있다.

  6·25전쟁의 상처가 채 가시지 않은 그 때, 내 또래의 여자아이들은 너나 할 것 없이 제 동생을 줄줄이 업어 키웠다. 예닐곱 살만 먹으면 동생을 업고 친구들이 노는 모습을 바라보기도 하고, 어머니가 일하는 논밭으로 젖을 먹이러 다니고, 똥 기저귀를 빨기도 했다. 기저귀가 허술한 때라 아기는 곧잘 언니의 등짝이 축축하도록 오줌을 싸곤 했다.

  나는 칠남매의 맏이로 태어난 덕에 뙤약볕도 아랑곳없이 동생을 업고 콩밭으로 고추밭으로 엄마를 찾아 헤매야 했다. 한더위에 애기를 업고 땀을 쫄쫄 흘리면서 밭에 이르면 엄마는 기다렸다는 듯 밭고랑을 넘어 뛰어오셨다. 아기는 엄마를 보고 좋아서 발버둥을 치며 엉겨붙지만 엄마는 도랑물에 흙 묻은 손을 씻고 아기가 더워 먹는다며 열기로 후끈후끈한 젖가슴을 도랑물로 식히셨다. 도랑물로 씻은 젖가슴을 손바닥으로 싹싹 문질러 젖을 먹이는 동안 나에게 멱을 감으라 하셨다. 어느 때엔 새참을 먹기도 했다. 젖을 먹이러 가는 시간은 집시랑(처마끝) 그림자가 엄마가 마당에 그어놓은 금에 다다랐을 때였다. 참으로 단순한 시간 셈이었지만 꼭 그 시간에 맞추어 집을 나섰다.

전시장엔 아기를 업은 그림이 머리에 보따리를 인 그림과 함께 여러 점 걸려 있다. 나물을 캐러 갈 때도, 시장을 보러 갈 때도, 밤마실을 갈 때도 아이를 업고 다닌 그 시대상을 보는 것이다. 한번은 야심한 밤에 삼 삼기 품앗이를 간 엄마에게 가느라고 젖먹이동생을 업고 또 한 동생의 손을 잡고 나섰다. 싸늘한 겨울밤의 달빛은 차고 서리가 내렸는지 별빛이 내려와 앉았는지 파르스름한 빛이 감돌았다.

뒷동산에선 금방 호랑이라도 튀어나올 듯하고 냇가 너머 앞산에선 도깨비가 방망이를 들고 달려올 것만 같았다. 동생들의 안위를 도맡은 큰언니였지만 밤이 어찌나 무섭던지 온몸이 오돌오돌 떨리고 한겨울 추위로 위아랫니를 달달달 부딪쳤다. 그때 아기는 조그만 등짝에서 옹알이를 멈추지 않았다. 나는 그때 아기의 옹알이로 얼마나 위안을 받았는지. 〈아기 업은 소녀〉를 보고 이런저런 어린 시절의 일들이 떠올라 가슴이 찡하고 목울대가 찌르르 아프다. 내가 살아온 근대의 일상이라서인지 볼수록 정이 끌린다. 근세의 걸작들 앞에서 마치 내가 아는 사람들의 사진을 보는 것 같은 친밀감이 깊다.

이중섭의 〈흰소〉는 끓어오르는 분노를 보는 것 같다. 천경자의 〈굴비 든 남자〉에선 가족들을 생각하여 굴비를 사들고 귀가하는 아버지의 기쁨과 그것을 반기는 가족들의 즐거움을 떠올린다. 이중섭의 〈부부〉는 새[鳥] 부부의 절절한 사랑이 아름다워서 울컥 눈물이 솟는다. 그 시대에 곱게 차린 여인들이 독서하는 모습을 보면서 그 이면에는 힘겹게 사는 고달픈 사람들이 몇 배나 더 많았음에 슬퍼진다. 독서는 언감생심, 입에 풀칠하기도 어려운 군상들이 얼마나 많았던가.

그 시대 최상으로 누린 엘리트들의 삶은 현세와 그들의 후대에 어떤 영향을 미쳤을까, 라는 생각과 더불어, 시대적 시련과 고난 속에서도 억척으로 살아온 선인들 덕으로 오늘의 우리가 이만한 풍요를 누린다는 생각에 잠긴다. 삶이라는 게 왜 이렇게 눈물겨운지.

고샅길에서 친구들과 어울려 찬바람에 볼태기가 터지도록 놀고 싶었던 그 시절의 내 동무들. 연이어 태어나는 동생을 땅에 끌리듯 등에 업고 집 밖으로 나서면 업은 애기 말고도 코흘리개 동생 한둘쯤 꼬랑지를 잡고 따라 나섰다. 뿌리쳐도 울고불고 따라붙으면 어미처럼 당연히 동생들을 손잡고 고샅길을 나서던 꼬맹이들. 업은 동생이 행여 떨어질까 뒷짐으로 깍지 껴 애기의 엉덩이를 받치던 꼬막손. 중학교 진학은 꿈도 꾸지 못한 채 굶주림을 면해 보자고 남의집살이로, 버스 안내양으로, 가발공장의 직공으로 눈물 찔끔거리며 집을 떠나야만 했던 내 동갑쟁이 동무들. 부모와 떨어지는 설움보다 동생들과 헤어지는 아픔이 더 컸던 그때 그 소녀들. 나이라야 〈아기 업은 소녀〉처럼 겨우 열 살 남짓한 애들이었다. 어린것들이 남의 집 눈칫밥을 먹으며 추위와 더위와 배고픔을 견디면서 눈물로 번 몇 푼 안 되는 돈으로 집안 살림에 보탬이 되고 동생들의 학비를 대주며 형 노릇, 누이 노릇을 착실히 해내던 그 시대 언니와 누나들. 근세를 일궈낸 연약하지만 가장 강했던 여성들이었다.

  그때 그 시절의 소녀들이 눈물겹게 살아낸 삶이야말로 희대의 걸작으로 평가 받기를 바란다. 박수근 화가의 〈아기 업은 소녀〉처럼.

행복을 그리다

 비가 조록조록 내리는 초여름 아침나절, 덕수궁 돌담길을 걸어 행복을 만나러 가는 길이다. 우산을 두들기는 빗소리와 발길에 차이는 물소리. 비 오는 날의 소리들이 제각각의 언어로 오늘을 노래한다. 오늘은 〈행복을 그린 화가 르누아르〉 전시회를 관람하러 가는 중이다. 서울시립미술관으로 가는 오르막길에는 모처럼 내리는 빗줄기에 꽃과 나무들이 싱그럽다.
 르누아르는 "그림은 예쁘고, 즐겁고, 유쾌해야 한다."는 예술철학으로 행복을 그린 화가다. 기쁨과 환희를 빛과 색채의 융합을 통해 표현했다는 르누아르. 일상에서 누리는 행복의 의미를 화폭에 담아 전달함으로써 굴곡진 세상의 어둠을 뒤로 했다는 그의 그림 속엔 어떤 행복이 들어 있을까.
 르누아르전 전시장 첫머리엔 호평이 자자한 〈그네〉가 걸려 있다. 〈그네〉에는 숲 사이로 얼금얼금 비춰든 햇살이 얼룩무늬처럼 살아 있어 여인이 탄 그네와 함께 잔잔히 흔들리는 것처럼 보인다. 그넷줄에 살포시 기댄 발그레한 낯빛의 여인과 한 남자와 어린이의 얼굴까지 선하고 아름답다. 뒷모습을 보이는 남자는 여인을 향해 무슨 말을 한다. 여인은 차마 마주 바라보며 듣기 민망한 표정으로 살짝 고개를 옆으로 돌리고 있으나 얼굴엔 수줍은 듯한 미소가 가득 담겨 있다. 보는 사람 입가에도 미소가 저절로 번진다.

 보고만 있어도 덩달아 기분이 좋아지는 〈시골 무도회〉의 두 사람을 보고 있으니 나도 따라 춤을 추고 싶어진다. 행복의 나락에 푹 빠진 남자, 더이상의 행복은 없을 것 같은 편안한 표정의 여자. 두 사람은 행복의 무아경에 젖어 있다. 춤을 추면 저렇게 행복해지는 것일까? 삶의 최고의 목적은 행복이라고 한 아리스토텔레스의 말대로라면 바로 이 두 사람은 삶의 최고 목적을 이루었음 직하다.

 이렇듯 행복을 그린 르누아르. 노년의 자화상을 보니 왠지 쓸쓸하고 초라하다. 퀭한 눈은 영육간의 삶이 퍽 고단해 보이고 정신적으로 몹시 시달린 초췌한 얼굴이다. 물감 살 돈도 없이, 모델을 구할 수도 없이 화가 생활을 해야 할 만큼 가난한 생활은 아무리 행복을 추구하는 사람일지라도 그가 그린 그림 속의 사람들처럼 행복할 순 없었던가 보다. 아니 그런 생활을 벗어나고 싶은 그의 꿈이 그림 속에서나마 찬란히 빛나고 있는 건 아닌지. 어둠이 짙을수록 빛을 갈망하고 가난할수록 부자 되기를 소원하기 마련이다. 르누아르가 그린 수많은 행복은 그가 진정으로 꿈꾸는 삶이었을지도 모른다. 르누아르가 실제로 그림 속의 사람들처럼 행복했는지 궁금해진다.

둥그스름한 얼굴선, 발그레한 볼, 웃음 머금은 눈빛, 살짝 벌린 입술 등은 르누아르의 그림에서 흔히 볼 수 있는 여인상이다. 그런 모습만으로 행복이 그려질까? 하고 종이에 그려본 적이 있다. 그럴듯하게 행복하게 보였다. 갑자기 글에서는 어떻게 해야 행복이 풍기게 될까, 생각을 한다. 그림은 가능한 화려하고 즐겁고 예쁜 것이어야 한다는 르누아르의 말처럼 글도 그럴까? 르누아르가 어렵고 힘든 삶 속에서 행복을 그리기 위해 남다른 노력을 한 덕으로 관람자가 행복을 느낄 만한 그림을 그렸을 것이다.

글 역시 고통을 승화시키고 슬픔을 녹여내야만 독자를 감동시킬 만한 행복한 글이 될 것이다. 지식이 출중하다 해서 다 쏟아내서도 안 되고 기쁨이 넘친다 해서 줄줄이 풀어내는 것도 삼가야만 거부감이 느껴지지 않는 글이 된다. 르누아르가 행복을 그리기 위해 심혈을 기울였듯이, 좋은 글을 쓰기 위해선 끊임없는 노력을 해야 한다.

르누아르는 말년에 이르러 뼈마디 마디에 생긴 관절염 때문에 붓을 잡을 수 없게 되자 손가락에 붓을 묶어 그림을 그릴 만큼 열정적으로 그림을 그렸다. 그 무렵에 그린 〈봄 꽃다발〉

은 풍성하고 화사하다. 그림에서 풍겨 나오는 풍요로움이 보는 이로 하여금 행복한 감정에 젖어들게 한다. 나는 절화를 싫어하여 꽃꽂이를 멀리하고 꽃다발을 사양한다. 그런데도 르누아르의 〈봄 꽃다발〉을 보고 있으니 귀한 손님이 오시는 날, 그렇게 항아리 가득 아름답게 꽃을 꽂고 싶다는 생각이 들기도 한다.

멀리 펼쳐진 배경을 화사하게 그린 〈테라스에서〉는 어머니와 아기를 그린 그림이다. 나무 사이로 보이는 강에 한가하게 보트를 타는 사람들이 보이고 빨간 모자를 쓴 어머니와 꽃이 가득 꽂힌 모자를 쓴 아기. 어머니의 모자와 앞가슴에도 꽃이 꽂혀 있다. 어머니의 털실바구니에 두 손을 얹고 서 있는 모자의 모습이 조화롭다. 엄마와 아기가 사랑스럽고 예쁘다. 이런 아름다운 그림을 보면서 행복하지 않을 사람이 있을까.

행복한 사람은 자기가 가지고 있는 것을 사랑하고, 불행한 사람은 자기가 가지고 있지 않은 것을 사랑한다고 하였다. 유쾌한 그림을 그린 르누아르는 물감을 살 수 없을 만큼 가난했다. 그렇지만 아름답고 예쁘고 사랑스러운 그림을 그려야겠다는 확고한 신념과 행복한 모습을 찾아내는 재주를 지닌 사람이었다. 가지고 있는 것과 가지고 있지 않은 것을 모두 사랑한 사람이 르누아르다.

르누아르의 그림을 한 점도 가질 수 없지만 그가 그린 행복을 몽땅 갖게 되었다. 오래도록 이 행복을 사랑할 것이다. 비록 갖지 못한 게 많지만 행복한 사람이 되기 위해, 행복한 삶을 살기 위해 어떻게 해야 할 것인지 가슴으로 그림을 그린다. 행복한 삶을 위해 노력하는 나를 사랑한다. 물감에 빛을 덧칠해 아름다운 색채를 만들어 무한한 행복을 그린 화가 르누아르. 수필에 활력과 꿈을 담아 '행복을 짓는 작가'가 되기 위해 오늘을 무지개 빛깔로 색칠한다.

꽃자리

 소나무 숲 사잇길을 따라가니 바위와 어우러져 진달래가 다문다문 피어 있다. 분홍빛 꽃 색이 참 곱다. 발아래 한쪽은 천 길 낭떠러지 협곡이다. 오금이 저려 오싹거리는 몸으로 뒷걸음질을 쳐 산자락에 의지하고 나서야 안심한다. 벼랑 위 판판한 바위 위에 자리 잡아 바라보니 세상 꼭대기에 앉은 듯 눈 아래 펼쳐진 경관이 가히 장관이다.
 우리는 오랫동안 침묵하였다. 다만 그 자리에 있음을 느꼈다. 산다는 것에 감사했다. 사소한 것들이 삶을 가꾼다는 걸 새삼스레 깨달으며 기쁨을 함께 누릴 수 있는 벗들이 있다는 것에 기뻐했다. 서로가 서로에게 벗이 된다는 것은 낭떠러지에서 기댈 산자락이거나 한 그루 나무 둥치같이 고귀한 참사랑이다. 따사로운 봄볕을 두르고 솔숲 향기를 맡으며 간식거리를 펼쳐놓고 꽃 이야기를 주고받는 한나절이 꿈결 같다.

협곡 건너 저편, 방금 지나온 석탄사가 우리를 쳐다보고 있다. 석탄사는 정읍시 칠보면 반곡리 사자산 암벽에 자리 잡고 있는 천년고찰이다. 우리나라 최초의 수력발전소인 칠보발전소를 지나 구절재를 넘어 능교리 쪽으로 가면 오른쪽에 석탄사石灘寺라는 희끗한 표지석이 있다. 돌이 가리키는 시골길을 따라 잊어버릴 만큼 들어가야 만날 수 있다. 논길을 따라 마을을 지나 밭길을 거치고 산길을 구불텅구불텅 한참 가다 보면 절집 같은 큼직한 기와집 한 채가 있다. 석탄사의 별채이다.

거기서부터 침엽수와 잡목들이 들어찬 굽이굽이 오르막 숲길이다. 자동차가 올라가는 좁고 가파른 길이 고불고불 나 있으나 새소리 바람소리 벗삼아 하느작하느작 걸어가기에 참 좋은 길이다. 가끔 오른쪽 낭떠러지가 아찔하여 머리가 핑 돌기도 하지만 쉬엄쉬엄 걸어들면 숨쉬기가 편안해지고 상쾌하다. 그렇게 걷노라면 갑자기 눈앞이 환해지며 산 아래로 천지가 펼쳐진다. 가까이서부터 까마득 멀리까지 바라보이니 가슴이 확 트인다.

일주문이 없는 절집 가까이 다가가면 큰 눈알을 부라리며 험상궂은 모습으로 서 있는 사천왕상 대신 예쁘장한 부도 한 기가 반긴다. 세상살이를 잘 닦고 가신 어떤 스님의 넋일 것만 같아 가벼이 목례를 하곤 한다. 석탄사는 오래된 절집이지만 수수하기 그지없다. 양지바른 바위엔 돌나물이 다닥다닥 자라고 담쟁이가 산 같은 바위를 가득 덮고 있다. 산꼭대기가 눈앞인데 물길이 어디서 오는지 바위샘에선 보기만 해도 시원한 물이 철철 넘쳐흐르고 건강한 돌창포가 마치 제 세상인 양 살고 있다.

좁은 터에 자리 잡았기 때문일까. 절집 건물은 소박하면서 아름답다. 대웅전과 삼성각, 조그만 종각 그리고 수수한 살림집이 한 채 있다. 건물도 아닌 바깥에 돌로 만든 관음보살상, 약사여래불, 수지지장보살상이 온화한 모습으로 서 있는 게 독특하다. 좁은 땅 언저리에 겨우 선 오층석탑과 석등도 정겹다. 이른봄엔 지천으로 노루귀가 피어나고 유난히 가을 단풍이 고운 절이다.

지척이 천리라더니 우리가 앉은 자리와 깊은 낭떠러지를 사이에 둔 절집은 멀기만 하다. 골짜기 건너 절집의 좁디좁은 마당에서 노트르담의 꼽추처럼, 묵은 전설처럼, 그렇게 보이는 노스님이 손짓으로 부르신다.

"선수행으로 마음자리를 깨달아 나와 남이 둘이 아님을 체득해야 진정한 자비행이 나와."

"저는 불자가 아니어서요. 말씀의 뜻을 깨닫기 어렵습니다."

"절에 불자만 온답디까. 다 알아들을 만한 보살들인 걸 알지."

"절에 오면 절집을 볼라 말고, 부처의 형상을 볼라 말고, 나 자신의 마음을 볼라고 혀. 종교와는 아무 관계없어. 나를 깨달아야 세상이 좋아져."

"절에 와서 부처님께 절하고 불법을 공부허는 게 도 닦는 거라고 생각들 허제? 도를 닦는 건 바로 바르게 사는 것이여. 평생을 바르게 살면 평생 동안 도를 닦는 것이여."

그래저래 천주교인 두 명, 기독교인 두 명, 불자 한 명인 우리 일행은 공손하게 노스님의 설법을 들었다. 《지장경》 한 권씩을 받아들고 점심공양까지 대접 받았다.

탄사복설灘寺伏雪이라는 이야기가 전해지는 석탄사. 조그만 절집 방안에 아이들 책가방이 여러 개 있다. 부모와 헤어진 아이들 여섯 명이 스님과 공양주 보살의 사랑을 받으며 자라고 있다. 이 절의 탄사복설 고사에서처럼 그 아이들 모두에게도 대기만성의 꿈이 이뤄지기를 진심으로 빌었다.

석탄사를 내려오는 발걸음이 오를 때보다 더욱 신이 난다. 비록 선수행은 하지 않을지라도 마음을 들여다보며 마음의 본 바탕을 헤아려봄직하다. 마음눈을 바르게 뜨고 마음자리를 곱게 다듬어가는 삶. 그런 삶을 지향하면서 사물의 참모습을 분별한다면 바른 생활이 될 것이다. 벗들과 나누는 대화 하나하나가 수행처럼 느껴진다. 때로는 함께 눈물 흘리고, 서로 눈물을 닦아주고, 만나면 파안대소할 수 있는 벗들. 그들과 마음 터놓고 마음 맞추고 사는 시간들, 이 자리가 바로 꽃자리다. 마음자리에 향기로이 꽃을 피워 꽃향기를 서로 나눈다.

꽃살문 연지

 나한전 현판 아래 꽃살문 두 짝은 동물과 연꽃이 가득한 아름다운 연못이다. 왼쪽과 오른쪽 꽃살문 네 짝도 매한가지로 아름답다. 그 가운데서도 배흘림기둥을 양옆에 든든히 세우고 포근히 햇살을 안고 있는 두 짝 꽃살문에 마음을 빼앗기고 말았다. 시간 가는 줄도 모르고 있었으니. 일행들이 끌어당길 때에야 그곳에서의 시간이 지체되었다는 걸 알았다. 그 시간 이후 나는 '꽃살문 연지에 빠진 여인'이 되고 말았다.
 이 꽃살문은 영주 성혈사 나한전 출입문이다. 나무의 빛깔이 바래고 나뭇결이 물결인 듯 벌어져 세월의 흐름을 말해 주고 있는 뼈가 앙상한 문이다. 나무 문짝에 여러 가지 문양을 새겨 만든 은은하고도 아름다운 문짝들. 문양마다 왠지 이러저러한 이야기가 듬뿍 들어있을 것만 같은, 오묘한 멋이 풍겨

나는 문이다. 고개가 저절로 갸우뚱했다가 끄덕끄덕하기도 한다.

　연꽃과 연 줄기, 연잎이 무성한 연못에서 연잎 배를 타고 있는 동자가 가장 먼저 눈에 들어온다. 아주 편안하게 앉아 노를 저으며 한유를 즐기는 동자. 연잎이 조각배만큼 넓은지 동자가 주먹만큼 작은지 가늠할 수야 없지만 가운데 있지 않고 한쪽 가에 있어 더욱 한가로워 보이는 걸까. 연꽃 위에 살포시 앉아 쉬던 어느 연지에서 본 된장잠자리마냥 신비롭고 예뻐 보이는 건 왜일까. 다리가 길고 부리도 기다란 백로 두 마리가 연향을 쪼며 서 있다. 동자보다도 훨씬 큰 몸집으로 봐서는 두루미일 수도 있겠다.

　연잎에 엎드려 묵언수행하는 개구리 앞 나무문짝은 시간의 자국이 크레바스처럼 입을 벌리고 색 다 바랜 하품을 하고 있다. 저 아래엔 아득한 무한의 세상이거나 불교에서 말하는 삼천대천세계가 펼쳐져 있지 않을까. 백두산 금강대협곡을 여행할 때 보았던 광경이 생각나 문살의 좁은 틈을 보고도 오금이 저린다.

　그곳은 눈이 쌓인 곳도 아니고 얼음 골짜기도 아니었다. 그냥 맨땅이었다. 땅을 밟고 걷는데 아래를 바라보라는 안내자의 말에 발아래를 내려다보았다. 푸른 하늘이 땅 밑 그 아래에 유유히 흐르고 있다니. 머리가 핑 돌며 휘청 흔들렸다. 아찔했다. 발아래는 겨우 10~15㎝ 정도의 갈라진 틈이 요리조리 나 있다. 그보다 좁은 곳도 있다. 그러나 그 틈으로 바라본 땅 아래는 천 길 낭떠러지인 듯 아득했다. 까마득히 먼 아래 거기, 그곳에 맑은 물이 흐르는 환한 세상이 있다. 마치 딴 세상인 듯, 찬란한 매직아이인 듯 풍경이 펼쳐져 있다. 그렇게 경이롭고 신비로운 풍광이건만 다리가 후들후들 떨리고 내 몸의 모든 기능이 멈춰버린 듯 막막했다. 발을 떼기는커녕 두 발을 접착제로 붙인 양 그 자리에 딱 멈춰버렸다. 앞으로도 뒤로도 움직이지 못한 채 사색이 되어 겨우 그곳을 빠져 나왔다.

문짝의 벌어진 틈새를 보니 아슬아슬했지만 천상의 세계인 듯 환상적이었던 그곳의 기억이 되살아난다. 아, 보고 싶다. 다시 그곳에 가서, 그 아름답고 신비로운 풍광을 좀더 의연하게 즐기고 탐색해 보고 싶다. 꽃살문을 보다가 느닷없이 백두산 금강대협곡이라니. 어서 그곳을 볼 수 있는 그 날이 오기를 고대하는 마음에 가슴이 벅차오른다.

문짝의 물고기는 시방세계 어느 곳이 이보다 더 살 만하겠냐는 듯 유유자적이다. 물고기를 바라보는 눈조차 따라서 한가롭다. 법당에 날마다 꽃꽂이를 한다고 저리 아름답고 은은할까. 시간이 갈수록 고색창연함이 더해가는 꽃살문은 나날이 바치는 최상의 꽃 공양이 아닌가.

오백여 년 세월을 품어 안은 꽃살문은 오늘도 흘러가는 시간을 문짝에 고이 새기고 있을 것이다. 연잎의 잎맥처럼 고고하게 세월을 받아먹는 나뭇결을 따라 틈이 벌어지고 몸이 반쪽으로 갈라져도 동자는 한가로이 무심을 젓고 있겠지. 물고기는 여전히 한유를 즐기고, 새는 물고기를 입에 물고 행복을 노래하겠지. 그러면서 연꽃은 피고 지고 무수히 많은 연자를 익히고 있을 것이다. 문짝 속 하늘의 구름은 뭉실뭉실 멈춤이 없이 오갈 테고 꽃살문을 새기고 흐뭇하다 했을 반백년 전 장인의 영혼도 가끔 이곳에 와서 자기의 작품을 바라볼까. 흘러가는 시간을 반추하며 무심히 서서 자신의 옛 시절을 흥얼거리고 있을까.

  찰나의 세상사 덧없다고 누가 말하는가. 성혈사 나한전 꽃살문은 퇴색하고 곰삭은 나뭇결로 세월의 무게를 덧씌우며 오가는 바람의 역사를 그리고 있다. 세월의 흔적은 출렁출렁 법당의 문짝을 들썩인다. 꽃살문 연못에 무시로 바람결 드나드는데 텅 빈 충만으로 여닫는 나날의 고요한 함성이 차가운 열기를 뿜는다. 오늘도 나한전 문짝은 삼라만상에 귀를 열고 영원할 수 없는 영원을 쉼 없이 서각하며 세상사를 노래 부른다.

무성서원에서 〈상춘곡〉을 떠올리다

 홍살문 창살에서 뒤척이던 갓맑은 햇살이 길을 터주었다. 무성서원은 마을 가운데 있어 홍살문이 아니라면 이웃 마당에 들어가는 것처럼 임의롭다. 세월의 바람결에 닳은 현가루絃歌樓의 문지방을 넘으려니 조신한 걸음걸이가 더욱 조심스러워진다. 나무로 수십 년, 현가루의 문턱으로 수백 년을 살아온 흔적이 고스란히 배어 있는 문턱의 나뭇결이 올올하다.
 서원에 들어설 때면 왠지 숙연해져 몸가짐을 돌아보고 마음을 여미게 된다. 홍살문 앞에 서서 숨결을 가다듬는다. 서원에서는 저절로 다소곳해진다. 성현의 위패를 모신 곳이어서 그렇기도 하겠지만 배움터에 대한 존경심이 일기 때문이다.
 누구에게나 채우지 못한 욕망이 한둘 있을 수 있다. 제때에 맞춰 학업을 이을 수 없었던 나는 배움에 대한 갈망이 남다르다. 학교는 늘 나의 동경이었고 배움은 나의 우상이었다. 그러니 어찌 강학의 전당인 서원에서 아무렇게나 행동할 수 있겠는가.

한때는 서원 순례를 한 적도 있다. 내 고장은 물론 전국의 서원을 돌아보며 그 시대 선비들의 고결함을 깊이 흠모하였다. 며칠 전에는 2박 3일 동안 가족여행으로 병산서원, 도산서원, 소수서원을 돌아왔고, 오늘은 무성서원에 오기 전 북면에 있는 남고서원에 다녀왔다. 남고서원의 아주 작은 쪽문이 보고 싶었고, 외삼문에 붙어 있는 빗장걸이 거북과 남생이를 보고 싶었다. 서원과 마을 집들의 돌담 소식도 궁금했다. 잠깐이었지만 서원의 넓은 담 위에 갓 피어난 노란 씀바귀꽃과 떨어진 풋감도 보면서 그곳의 한유閑遊를 오달지게 느끼고 왔다.

무성서원 관람이야 벌써 여러 차례 했다. 하지만 나날의 삶이 다르듯이 올 때마다 새롭기는 매한가지다. 오늘은 아담하고 정겨운 무성서원의 강당에서 한나절쯤 앉아 있고 싶었다. 그러면 속진으로 찌든 마음이 한결 가벼워질 것 같다. 문이 없이 툭 트인 대청 너머 안쪽으로 내삼문의 태극 문양이 오롯이 환하게 비친다. 사당과 내삼문 기와지붕이 오늘따라 유난히 야젓하고 아름답다. 무딘 듯한 맞배지붕의 기와선이 겹겹으로 놓이니 한결 품격이 높아 보이고 듬직한 용마루의 곡선이나 반듯한 기와의 결이 선현의 기개와 올곧음을 보여주는 듯하다.

흥선 대원군의 서원철폐령에도 훼철되지 않고 남아 있는 무성서원. '武城書院 丙子十一月 賜額'이라고 늠름하게 쓰인 현판을 우러러본다. 칸칸이 둥근 기둥에 달아 놓은 주련을 더듬더듬 어설프게나마 뜻풀이를 해보는 재미도 쏠쏠하다. 마루에 앉아 위를 보면 편액이 가득하다. 한문으로 씌어 잘 알 수는 없지만 서원 중수에 관한 내용이라고 한다. 구불텅구불텅 휘어지고 굽어진 나무의 생김새대로 대들보가 놓이고, 처마로 흐르는 듯 나란히 누워 있는 서까래들. 결결이 드러난 나뭇결, 군데군데 박인 옹이도 고결하다. 바랜 마루 색깔이 정겨워 쓰다듬다가 문득 오래전에 돌아가신 할머니 생각이 난다. 발톱을 깎아드리다가 무심코 더듬어보는 할머니의 종아리가 이랬었지. 그때는 통통했던 어머니의 종아리가 어느덧 그때의 할머니처럼 밭았고, 나 또한 할머니와 어머니를 꼭 따라야만 하는 양 세월을 뒤쫓아 달려가고 있다.

서원의 정갈한 마당에는 천지만물의 음양 이치를 알리는 듯 햇빛과 그림자가 자리를 나누고, 서원을 에워싼 숲에서는 새들의 노래가 끊이지 않는다. 작은 새들이 마당을 오락가락하며 조잘대는 소리에 머리가 개운해진다. 선들바람 몇 가닥이 담장을 넘어와 뜨락에 앉는다. 마침 강당 옆 백화등이 무더기로 피어 맑디맑은 향기로 서원을 휘감는다. 오래되어 넝쿨의 밑동이 나무처럼 굵어진 백화등이다. 가만히 눈을 감고 옛 선비들의 글 읽는 모습, 담론하는 모습을 눈앞에 그려본다.

아, 참! 무성서원은 공부하고자 하는 사람들의 신분을 따지지 않고, 나이를 제한하지 않았으며, 빈부를 가리지 않았다고 하였지. 다만 과거시험을 목적으로 하는 사람은 받아들이지 않았다고 했지. 가난한 사람도 소외당하지 않고 공부를 할 수 있었다는 무성서원. 동네 가운데 터를 잡아 마을 집들과 어울린 풍경까지 수더분하다. 웬만한 학덕이 아니고서야 있을 수 없는 일이 아닌가. 유교사상이 창창하던 그 시대에 신분과 빈부와 나이를 가리지 않고 배움의 길을 열어주었다는 무성서원. 서원을 마을 안에 이웃처럼 세운 것만 봐도 학문이 선비만을 한정하지 않고 두루 익히게 하였으니 어찌 고개 숙이지 않으랴.

사우祠宇인 태산사泰山祠에는 유학의 시조인 고운 최치원, 불우헌 정극인, 태인 현감을 지낸 신잠 등 일곱 분의 성현이 모셔져 있다. 이곳에서는 학문과 덕행이 뛰어난 분들을 후손들이 기리고 본받고자 향사를 지낸다.

〈상춘곡賞春曲〉, 〈불우헌가不憂軒歌〉, 〈불우헌곡不憂軒曲〉을 지은 불우헌 정극인 선생의 묘는 마을을 휘돌아 가면 언덕배기 같은 나지막한 산에 있다. 부인과 위아래에 함께 계신다. 소나무로 둘러싸인 묘소는 조용하고 아늑하다. 뻐꾸기가 뻐꾹뻐꾹 울고, 산까치 떼가 휘리릭휘리릭 날며 소리를 높인다. 작은 새들도 고운 소리로 노래를 한다. 꿩이 "꿩, 꿩." 하니 산이 따라 "꽝, 꽝." 울린다. 몇 발짝 앞에서 장끼와 까투리가 잰걸음으로 달리다가 후드득 날개를 치며 날아간다.

 여름이 한창이어서 그런지 산 어귀 묘소에는 풀들이 우북하다. 삐비꽃이 하얗게 출렁이고, 찔레덩굴과 같은 잡풀들이 무더기로 피어 얼핏 꽃밭처럼 보이나, 보는 이의 마음을 착잡하게 한다. 제각祭閣도 사람의 보살핌이 멈춘 듯 대문이 떨어져 나가 있어 보기 흉하다. 마당가 앵두는 빨갛게 익어 꽃처럼 곱고 오디도 까맣게 익어 새들을 불러 모으는데 마당은 수북한 풀들이 잔뜩 메웠다. 보는 눈이 자꾸만 씁쓸해진다.

 그러나 선생의 〈상춘곡〉을 떠올리자 마음이 편안해진다. 송죽 울울하고 녹음방초 푸르러 조화신공이 물물마다 화려하니 선생께선 당신께서 말씀하신 물아일체의 공간에 누워 계심이 분명하다. 백년행락을 여기서 누리시는구나. 여름을 겨워 우는 새들의 노랫소리 숲을 에워싸니 이 아니 무릉이 아닌가. 선생이 말한 '저 산'이 바로 이 산이 아니겠는가. 송풍과 청향과 낙홍이 모두 여기에 있는 것을.

 정극인은 단종이 왕위를 빼앗기자 관직에서 물러나 처가인 정읍으로 내려왔다. 후학을 가르치며 가사와 단가, 고현향약 등의 작품을 남겼다. 태산선비문화사료관 앞에는 선생의 동상과 상춘곡 가사비가 세워져 있다.

 전북문학관에도 벽면 가득 커다란 연두색 바탕 틀에 선생의 모습과 함께 〈상춘곡〉이 씌어 있다. 봄의 완상과 안빈낙도를 표현한 사대부 가사의 최초 작품 〈상춘곡〉. 자연을 즐기는 심경이 오롯하고, 풍류의 미학이 뛰어난 〈상춘곡〉을 하루에도 몇 번씩 올려다보며 읊조리곤 한다. 그러면서 불우헌 정극인 선생에 대한 공경심을 차곡차곡 쌓아간다.

〈상춘곡〉을 떠올려 마음을 편히 갖고 나니 묘소를 내려오는 발걸음이 가볍다. 선생께서 〈상춘곡〉에서 그리하셨듯이 천천히 거닐며, 시를 그리며, 한가한 가운데 참된 맛을 혼자 품는다.

겨울 찬바람에 왔다 갔고, 진달래 피는 봄날과, 오늘 왔으니, 가을쯤 또 오리라는 생각을 한다.

선생을 따로 뵈었으니 다시 서원으로 들어가 여기저기 둘러봐야겠다. 현가루에 올라 마당에 땅 그림자 질 때까지 서원의 맑은 바람과 함께해야지.

2부

늦가을비
멜라초
타래난초가 말했어요
개다래나무
뚱딴지꽃
바람꽃 바람 따라
철부지
경기전의 나무들

늦가을비

 밤내 대숲에서 장난을 치던 바람이 산새들을 깨우는 모양입니다. 따끈따끈한 방바닥이 허리춤을 꼭 붙잡고 있는데 방문 밖의 대바람 소리가 어서 나오라고 손을 잡아끕니다. 마루 끝에 서서 눈길 닿는 모든 것과 인사를 나눕니다. 높은 산마루에 있는 산사에서 마음으로 끼어드는 잡다한 생각까지 내쫓고 나니 눈앞의 현실만이 고스란히 남았습니다. 그만큼만이 온 세상인 것처럼 느껴집니다.

 대숲을 감싸는 가는 빗줄기 너머로 펼쳐진 운해에 산들이 동글납작하게 떠 있고, 하늘은 아직도 산속에 얼굴을 묻고 있습니다. 바람이 대밭을 구르며 우우우 댓잎을 일으켜 세웁니다. 산새들이 댓잎에 이는 바람을 따라 계곡의 안개 속으로 휘릭휘릭 날아갑니다.

고개를 드니 묵은 서까래가 줄줄이 다가오네요. 비록 형상은 낡고 허술해도 편안하기 그지없습니다. 늙으신 친정어머니를 닮았습니다. 어머니가 하시던, 얼굴이 예쁜 여자와 살면 삼 년이 행복하고, 마음이 착한 여자를 들이면 삼십 년이 행복하며, 지혜롭고 따뜻한 여자는 삼대를 행복하게 한다는 말도 생각납니다. 외모보다는 선량한 마음을, 그보다는 지혜를 중히 여기라는 말이겠지요. 오늘은 성현의 말씀처럼 가슴에 와닿습니다. 저 서까래 같은 품성을 갖고 싶습니다.

오래전부터 음력 시월상달에 내변산 월명암月明庵에서 만월을 보자고 마음을 모았습니다. 그런데 시월 내내 가을하늘엔 회색빛만 우중충하게 펼쳐졌습니다. 사람의 바람대로 되는 하늘이 아닌 줄을 알면서도 갑갑합니다. 하늘이 뿌옇거나 말거나 우리는 어제 쌍선봉에 올랐고 오늘 아침을 맞은 겁니다.

비록 망월은 못했을지라도 또 다른 즐거움을 누립니다. 일행 중에 불자 내외는 지극한 정성으로 조석공양 108배를 올리고 공손히 시주합니다. 고요하기 그지없는 산사의 밤에 조곤조곤 비가 내리기 시작합니다. 그 빗소리가 얼마나 많은 이야기를 들려주는지요. 비록 달구경, 별구경, 일출과 일몰 구경을 모두 앗기고 말았지만, 마음엔 이채로운 추억이 새록새록 새겨집니다.

잔잔한 빗줄기가 쉼 없이 내립니다. 비 그치기만을 마냥 기다릴 수 없어 하산을 시작합니다. 세상은 마음먹은 대로 살아지지 않으며 욕망을 다 채우기는 불가능합니다. 꿩 대신 닭이어도 감사할 줄 알고 닭의 장점을 찾아내는 슬기를 가져야겠지요. 생각하기에 따라 배울 점이 생겨납니다. 우중충한 산속에서 비를 맞으며 산길을 내려가야 하는 일이 힘듭니다. 위험한 빗길에서 미끄러지고 헛발 디디며 문득, 살아온 날들을 되돌아보게 됩니다. 부끄러운 흔적일수록 선명하게 살아납니다. 때로 고행을 하는 것도 수행이라더니, 좋은 체험을 한 셈입니다.

늦가을 숲이 비에 젖어 참으로 고적합니다. 나뭇잎을 다 떨군 잡목들이 맨몸으로 찬비에 젖고 또 젖습니다. 다소곳하게 가을비에 씻기는 모습이 숭고해보이네요. 자연의 섭리에 따라 한 해를 갈무리하고 공손히 섭니다. 이 숲에서 나도 한 그루 나무가 되고 싶습니다. 나무들 사이에 맨몸으로 서서 빗물에 하염없이 씻기고 씻기어 말간 모습으로 거듭나고 싶어집니다. 짊어진 배낭과 몸에 걸친 옷가지 따위가 거추장스럽습니다. 불현듯 세상짐 고스란히 벗어버리고 비에 묻힌 이 숲속에 눕고 싶어집니다.

나의 본향은 아마도 이런 잡목이 어우러진 숲인가 봅니다. 잡목 숲에 성큼성큼 불어드는 바람, 숲 사이로 얼금얼금 비치는 햇빛, 성근 나뭇잎 새로 바라보이는 파란 하늘, 숲이 주는 향기가 정말 좋습니다. 잡목 숲이란 온갖 나무들이 요지가지 모양으로 더불어 사는 땅입니다. 있는 대로 되는 대로 두루뭉술 어우러져 공존하는 삶을 삽니다. 햇빛을 나누며 크거나 작거나 상관없이 지혜와 힘을 합쳐 거센 바람을 이겨낼 뿐만 아니라 제 그늘 아래 연약한 풀꽃들을 거두어줄지도 아는 정이 넘치는 나라입니다.

왠지 숲속에 있으면 편안하고 내 집처럼 마음이 놓입니다. 숲속에 살 수만 있다면, 명상에 젖는 바위가 되어도 좋겠고, 끊임없이 떠도는 바람이어도 좋겠지요. 숲속의 푸른 향내, 한 마리 작은 새, 한 가닥 물소리가 모두 정감 넘치는 이웃들이니까요.

저벅저벅 하산하는 발걸음 아래 낙엽들이 수북이 쌓여 비에 젖고 있습니다. 여한 없이 일생을 마친 듯, 뒹구는 동작마저 멈춘 낙엽. 나무의 자양분을 만들기 위해 봄부터 가을까지 왕성하게 하던 광합성작용을 마치고 노을의 환한 빛깔처럼 아름다운 색으로 제 마지막을 장식한 낙엽. 그 모습이 꽃보다 더 그윽하고 아름답습니다. 그렇게 고운 얼굴이 비에 무르도록 젖어 미생물들을 품어 안으면 옥비가 되고 옥토가 되어 나무에게로 귀의할 것입니다. 이토록 어김없는 자연의 이치를 사람만이 아직 따르지 못하고 있는 듯합니다.

골짜기를 벗어나 산마루에 올라서니 바람이 몰아칩니다. 자지러지는 듯한 소리를 지르며 산 잔등이를 넘나듭니다. 나무들이 키를 낮추어 바람에게 길을 터줍니다. 조용히 발걸음을 옮기는 속마음은 왠지 모르게 차츰 무거워집니다. 살아온 날들과 살아가야 할 날들이 착잡하게 눈앞에 섭니다. 부끄러웠던 장면들이 더욱 선명합니다. 내일을 향해 걸어갈 발걸음이 젊은 날처럼 힘차리라고 생각되지 않습니다. 어느새 삶을 돌아보며 살아야 할 때인 것입니다

　발걸음을 옮길 때마다 무릎이 푸석거립니다. 곱다던 피부엔 엽록소 파괴된 나뭇잎에 카로틴이 드러나듯 기미가 생겨나네요. 잎의 생활력이 쇠약하면 생긴다는 화청소처럼 검버섯이 두어 군데 자릴 잡았습니다. 언제 늦가을 찬비가 내려 온몸에 오한이 나고 욕망의 나뭇잎을 뚝뚝 털어낼지 모릅니다.

　아무짝에도 쓸모없다는 늦가을비가 월명암 망월의 꿈을 수포로 돌아가게 했지만 내게는 약이 되었습니다. 이 세상에 쓸모없는 것은 단 하나도 없다더니, 비에 젖은 늦가을 숲의 정경은 어떻게 살아야 하는가를 깨닫게 해주었습니다.

　갈수록 굵어지는 빗줄기는 숲을 흥건히 적시고 있습니다. 빗소리 장단삼아 월명암 창건자 부설거사가 지었다는 팔죽시 八竹詩를 느릿느릿 읊조립니다.

멜라초

 이틀을 꼬빡 앓았습니다. 하필이면 휴일 끝머리에 갑자기 앓게 되어 상경하는 딸들의 발걸음을 무겁게 했고, 근무시간에도 엄마 걱정을 하게 만들었지요. 마침 남편은 해외여행 중이어서 집에 남은 막내가 고생을 했습니다. 오늘은 조금 우선하다 싶어 가까운 골짜기를 찾았습니다. 그 와중에도 봄꽃을 보고 싶은 겁니다. 녹색 갈증에 몸과 마음이 이끌린 것이지요. 새로 피어나는 나뭇잎들이 마중이라도 나온 듯 반기고 앓던 시간을 멀리 보내버리라고 새들이 좋알댑니다.
 멜라초(괴불주머니)꽃이 노른 듯 푸른 듯 갓 피어납니다. 나는 예쁜 아기와 눈을 맞출 때처럼 땅바닥에 앉아 멜라초를 매매 바라봅니다. 멜라초는 마치 아기종다리가 날아오르는 듯, 황금물고기가 떼 지어 강을 거슬러 오르는 듯, 봄바람에 살랑살랑 움직입니다. 멜라초꽃을 보니 만면에 웃음이 번집니다. 찌뿌드드하던 몸과 마음이 풀리고 단잠이 쏟아지듯 엔도르핀이 소르르 나를 감싸안아줍니다. 이렇게 웃을 수 있는 웃음이야말로 프랑스 심리학자가 말한 듀센미소가 아닐는지요.

노랑은 제가 좋아하는 색깔 가운데 하나입니다. 셀 수 없이 많은 꽃색 중에 가장 많은 색 또한 노랑입니다. 우주의 중심을 상징하고 부와 권위를 나타낸다는 노란색을 동양에선 최고의 색으로 여기지요. 그런 것과 상관없이 내게 행복한 기억을 떠오르게 하는 노랑 꽃 앞에서 행복합니다.

멜라초는 닭소리가 들리지 않는 깊은 산속에서만 자란다는 아주 귀한 나물입니다. 임금님이나 잡숫는다는 멜라초나물을 우리 어머니는 산 넘어 북시미골까지 가서 캐다가 할머니와 아버지께 드리고 당신도 맛나게 드셨지요.

수십 년이 지나고, 깊은 골짜기 북시미골에 산다던 나물 멜라초는 길가나 야산은 말할 것도 없고 집안까지 지천으로 널려있는, 꽃 괴불주머니로 변했습니다. 친정 뒤란에도 어머니가 캐다 심어 이른봄이면 여기저기서 탐스럽게 새싹이 올라옵니다. 수만 마리의 닭소리가 그칠 새 없이 소란스러운 아버지의 양계장 앞뒤에도 무더기로 자랍니다. 집안에 심으면 삼재를 막아준다는 옛날 말의 영향력인지, 보물주머니라는 영명榮名의 효과인지, 식물의 천이과정인지, 오늘날 멜라초는 흔전만전입니다. 북시미골짜기는 자동차가 들락거리는 바람에 옛날의 신비로움은 전설이 되고 말았습니다.

옛것을 알고 싶을 때면 부모님께 여쭙니다. 그런데 부모님의 기억이 갈수록 희미해지니 안타깝습니다. 내 기억으로 60년 남짓 지난 일입니다. 설날 아침에 때때옷을 입고 복주머니를 달랑거리며 동네 어른들께 세배를 다녔지요. 어느 댁에선 "복 많이 받고 무병장수하거라."시며 일 원짜리나 오 원짜리를 복의 상징으로 주머니에 넣어주시기도 했지요. 동전도 몹시 귀한 때라 집에서 만든 까잘(과자의 방언) 같은 것을 차려주는 집이 더 많았지요. 그 시대 아이들은 복주머니를 애지중지했습니다. 복주머니 옆에는 애기 손가락만 한 고추랑 조각달, 버선, 닭똥집, 배피떡 같은 것들이 달려 있었습니다. 그렇게, 요샛말로 하자면 미니어처를 조랑조랑 달고 다니면 삼재를 막을 수 있다고 하니 어머니들은 지극정성을 다했을 겁니다. 우리 어머니도 밤이면 호롱불 아래서 예쁘게 수놓아 만든 그것들을 주머니 끈에 묶어 옷고름에 달아주셨습니다. 남자아이들은 괴춤에 매달고 다녔지요. 어머니의 솜씨가 없는 집 아이는 고추가 장도칼같이 생기고 닭똥집은 주먹만 하여 볼품이 없었습니다.

글쎄, 그 가운데 하나인 닭똥집이란 것을 괴불주머니 모양이라고 합니다. 저는 처음 알았습니다. 전설에 의하면 괴불주머니가 마을로 내려와 수없이 많은 꽃을 피우게 된 것도 산속에 사는 도인이 착한 농부에게 선사한 덕이라고 하네요. 그

꽃을 집안에 심으면 삼재를 막을 수 있다는 도인의 말에 착한 농부는 자기 집에도 심고 마을에도 퍼트렸답니다. 멜라초는 겨울에도 살아 있을 만큼 생명력이 강한데다 씨앗도 많이 맺고, 다양한 약효를 지닌 풀이니 그 전설이 타당하다는 생각이 듭니다만 어머니께 여쭤 봐도 전설 같은 그 이야기는 기억을 못합니다.

  꽃은 보는 사람에게 웃음을 주고 평안을 줍니다. 그게 바로 삼재를 막을 수 있는 꽃의 효능이 아닐까요. 자연환경은 인간의 주의력과 인지기능을 회복시키는 역할을 한다고 하잖아요? 터가 있다면 이른봄 보약 같은 나물을 주고 화사하게 꽃을 피우는 멜라초를 심고 싶네요. 멜라초의 웃음을 닮고 싶은 겁니다. 때로는 누군가의 델타파를 확 날려주고 상큼하게 알파파를 솟아나게 하는 유머러스한 재주 갖기를 바라는데 잘 되지는 않습니다. 해학적인 수필을 쓰고자 하는데도 그게 안 됩니다. 그저 보고, 읽고, 생각하면서, 웃는 것은 참 잘합니다. 남의 익살에 웃어대는 재주만큼은 남보다 뛰어납니다.

  멜라초 앞에 앉아 봄볕을 쪼이고 새소리를 들으니 힘이 납니다. 마음에서 저절로 웃음이 우러납니다. 어느새 멜라초를 퍼뜨린 착한 농부의 심성이 제 안에도 쬐꼼 들어와 있었나 봅니다.

타래난초가 말했어요

  타래난초가 사는 곳은 주로 숲속 묫자리 주변이다. 묫자리는 지금이야 스스럼없이 다가가는 곳이지만 어렸을 적엔 왠지 무서워 조마조마하던 곳이었다.
  뒷동산에 있던 부잣집 산소는 널찍하여 아이들의 놀이터가 되기도 했다. 그렇지만 나는 그곳에 잘 가지 못했다. 남자애들이 전쟁놀이 같은 거친 놀이를 했기 때문이기도 했지만 그보다는 무덤이 볼록볼록 솟아 있고 돌꽃이 핀 거무튀튀한 비석이 여기저기 세워져 있어 무서움이 앞섰기 때문이다.
  내가 무덤가를 찾게 된 건 타래난초를 좋아하면서부터다. 무덤가에는 보고 싶은 야생화들이 많이 살고 있다. 야생화들은 햇빛과 바람을 무척 좋아한다. 그러나 들에는 농작물이 자라고 숲에는 나무들이 자라고 있으니 햇빛 잘 들고 바람 잘

통하는 곳으로 묘지만 한 곳이 있을까.

　무덤이 있는 곳이면 그런 생육조건이 맞는 덕에 그곳에는 온갖 식물이 모여 살고 있다. 봄이면 꿀풀, 솜방망이, 산자고, 양지꽃과 같은 꽃들이 예쁘게 피어나고 각시붓꽃, 조개나물, 솜나물, 애기별꽃, 구슬붕이, 제비꽃, 타래난초까지 다투어 핀다. 그뿐인가. 고사리나 아까시나무 같은 원치 않는 식물들까지 묘지에 살기를 바란다. 그만큼 살기 좋은 환경이기에 그렇다.

　그 가운데서도 타래난초는 눈에 잘 띄지 않는 풀꽃이라서 묘지에서도 만나기는 쉽지 않다. 무덤가에 산다고 해도 묘소를 잘 관리하는 집안일수록 타래난초가 살기에는 위험하기 짝이 없다. 한식날이면 온 가족이 모여 잔디 아닌 모든 풀들을 뽑아내고, 추석이면 어김없이 벌초를 하기 때문에 어쩜 묘소는 식물들에게 가장 위태로운 삶터일지도 모른다. 그러니 지천으로 널린 들꽃이지만 때 가려 만나기가 어려운 것이다. 어쩌다 풀밭을 헤매다가 눈에 띄면 보고, 보고, 또 보고 하는 귀한 난초과 식물이다. 어렵게 타래난초를 만나면 시간을 접고 나를 잊은 채 그저 멍하니 앉아 오래오래 들여다본다.

　타래난초는 가늘고 여린 외대 줄기로 하늘을 향해 길을 내고 연초록으로 제 키만큼의 줄기를 세우며 창공을 올라간다. 오로지 꽃을 피워 꽃길을 내기 위한 수직 상승이다. 그리고 때를 맞춰 꽃분홍색 꽃을 피운다. 참깨 꽃을 닮은 듯한 작은 꽃이다. 이 풀꽃이 그냥 마구잡이로 핀다면 뭐가 그리 신비로울까. 무엇하러 그리 자세히 들여다볼까.

타래난초는 그 가느다란 줄기에 촘촘히 꽃을 달아 아래서부터 차례차례 피운다. 빙글빙글 돌아가며 꽃송이가 달려서 타래난초라는 이름도 붙었다. 이 풀꽃이 만약 빙빙 돌며 피지 않고 일직선으로 꽃송이를 달았다면 아니 반절은 왼쪽, 반절은 오른쪽에 피운다면 꺾어지거나 휘어지고 말 것이다.

할머니는 맏손녀인 내 양손에 실타래를 잡히고 실을 감곤 하셨다. 왼손에 실꾸리를 들고 오른손으로 살 가닥을 잡고서 마치 가락을 맞추듯 실을 감으셨다. 솜씨 좋은 할머니의 실꾸리는 들고나는 데 하나 없이 고왔다. 흥얼흥얼 노래를 부르기도 하고 눈을 감고도 기계처럼 잘 감으셨다. 어쩌다 여린 팔목에 힘이 부치면 내가 잡고 있던 실타래를 놓치기도 했다. 할머니가 엉겁결에 놓친 실꾸리가 방바닥을 구르고 내 손을 빠져나간 실타래는 헝클어져 엉망이 되었다. 뒤엉켜진 실타래는 쉽게 풀리지 않아 할머니를 힘들게 했다. 엉킨 실타래는 마구 잡아당기면 당길수록 미늘에 걸린 물고기마냥 풀려 나갈 수가 없다. 그렇다고 엉킨 부분을 싹둑 잘라도 엉킴이 풀리기는커녕 실타래는 더 깊이 홅쳐지고 만다.

사람과 사람의 관계도 그런 것 같다. 서로에게 욕심을 부리거나 분노를 느끼게 되면 어느새 감정은 얽히고설키게 된다. 부부 사이의 불협화음도 마찬가지다. 마음이 꼬이기 시작하면

타래난초가 말했어요

끝없이 오해가 쌓인다. 꼬인 실타래같이 마음도 비비꼬인다. 그럴 땐 양손에 실타래를 걸치고 살폿살폿 돌려주며 실오리를 풀어주듯 마음을 온화하게 갖고 살살 화를 녹이며 풀어야 한다. 결코 수월치 않은 일이긴 하다.

요즘 나도 어떤 사람과 풀지 못한 감정이 있어 내가 나를 괴롭힌다. 핑계 같지만 사람과의 감정은 상대적이기 때문에 잊은 듯 가라앉았다가도 생각하면 울컥 분노가 치솟아 때때로 괴로워지곤 한다. 오늘 문득 타래난초에게 부끄러워진다.

타래난초가 꽃을 빙빙 돌아가며 피우는 데는 본능적 지혜로움이 있어서이다. 소라나 고동의 껍데기가 밋밋하다면 그처럼 단단할 수 없다. 대나무에도 마디가 있기 때문에 가는 몸으로도 큰 키를 주체할 수 있다. 높은 산을 오를 때에도 직선으로 곧바로 걷는 것보다 스크루처럼 뱅뱅 돌거나 지그재그로 오르면 힘이 덜 들고 훨씬 수월하다. 우주의 중심을 지탱해 주고 있는 것도 나선형 소용돌이 덕분이라고 한다. 그러듯이 타래난초는 나선형으로 빙글빙글한 모양이어서 그만큼 견고함을 얻는 것이다.

도대체 저 여리디여린 풀꽃 타래난초가 이 엄청난 이치를 어떻게 알고 저렇듯 의연하게 빙빙 돌아가며 꽃을 피워 가늘고 큰 키를 지탱하며 사는지. 덩치는 수십 배로 크고 만물의 영장이라는 나는 어찌 저만한 지혜와 슬기로움이 없는 것일까. 마음을 동글동글 굴리지 못하고 복작복작 화를 끓이며 사는가.

버럭 화를 내고 부글부글 속을 썩이는 것은 저 가녀린 풀꽃 타래난초만도 못하다는 것이다.

타래난초가 나선형으로 꽃을 피우는 이유 가운데 하나는 서로를 위한 배려심이다. 가는 줄기를 짱짱하게 세우기 위함도 있지만 꽃을 다닥다닥 피우니 햇빛을 고루 받을 수 있도록 하려는 것이고 또 한편으론 벌·나비의 쉬운 접근을 위해 그리 꽃을 돌려 피우는 거라고 하니 놀랍다. 감동스럽다.

세상에, 한낱 풀일 뿐인데 대견스럽게도 만물의 영장, 호모 사피엔스인 나보다 지혜로움과 이타정신이 깊다니. 갑자기 정신이 번쩍 든다.

타래난초가 "실을 사리듯 마음을 둥글둥글 사려 담으세요." 분홍빛 웃음으로 일러준다.

개다래나무

 초록 일색인 듯한 유월. 초목의 색깔이 나날이 짙어가고 있다. 봄을 맞아 산과 들에 각양각색으로 꽃을 피우던 수많은 꽃들이 꽃잔치를 마친 듯 잠잠하다. 그러나 겉보기엔 초록으로 덮인 산야에도 여전히, 끊임없이 꽃은 피고 있다.
 얼핏 봄엔 꽃이 피고 여름에 잎이 무성해지는 것처럼 보이나 꽃은 계절을 가리지 않고 피어난다. 단지 꽃에 따라 제 열매나 뿌리를 살찌워 씨를 여물리고 그 씨앗을 널리 퍼뜨릴 수 있는 조건을 계절에 맞출 뿐이다.
 여름엔 봄보다 더 많은 종류의 꽃들이 피고지고 열매를 맺느라 분주하다. 키 작은 꽃들은 키 큰 풀이나 나무의 잎이 무성해지는 걸 경계한다. 저 사는 곳에 그늘이 지기 전에 서둘러 꽃을 피우고 열매를 맺는다. 얼음을 뚫고 나와 이른 봄날을 황홀하게 수놓는 복수초나 얼레지 같은 식물은 초여름이면 벌써 잎은 사그라지고 씨앗을 통통히 여물린다. 나무 아래 낮은 곳엔 바람이 없다는 것까지 벌써 알고서 바람에 씨앗을 날리는 대신 개미 같은 곤충들이 제 씨앗을 물어 옮겨주기를 기다린다.

현충일에 가족끼리 지리산 천왕봉 등산을 했다. 산행을 하다 보니 개다래나무가 자주 눈에 띈다. 딸들은 차를 타고 지나갈 때엔 쑥버무리를 흩뿌려 놓은 듯한 하얀 꽃인 줄 알았다며 마냥 신기해한다. 벚나무, 이팝나무, 층층나무, 박달나무가 꽃을 피워 온 산을 화사하게 장식한 봄과 달리 개다래나무는 여름의 푸르름 속에서 하얗게 빛이 난다. 그게 무슨 꽃이냐고 묻는 사람들에게 그건 꽃이 아니고 개다래나무의 잎이라고 하면 다들 놀란다.

자신의 존재가 보잘것없고 미미한 것일수록 다양한 방법으로 자기를 드러낼 궁리를 하는 건 생존의 법칙이다. 더구나 종족번식을 위한 생존전략은 오묘하고 숭고하다. 개다래나무도 저를 드러내기 위해 무진 애를 쓰다 보니 새파란 잎을 하얗게 또는 분홍색으로 변색하는 지혜를 발휘하게 되었다.

개다래나무는 나무라고 이름 붙이기도 무색하게 넝쿨로 태어났다. 넝쿨이 해를 거듭하며 몸통이 굵어지긴 하지만 길게 뻗는 줄기를 건사하자니 나무처럼 굵어지긴 언감생심이다. 게다가 동족체인 다래나무들 가운데서도 뭐가 그리 못나고 부족한지 이름 앞에 '개' 자가 붙어 있다. 다행인 것은 담쟁이덩굴처럼 흡착근으로 벽이나 나무를 괴롭히지 않아도 되고 새삼처럼 덩덕새머리를 하고 남을 짓누르지 않아도 될 만큼 넝쿨이 빳빳하다. 굳이 장점을 말하자면 다른 식물을 해코지하지 않아도 저희끼리 얼키설키 엉켜 살 정도는 된다. 그렇다고 다른 나무를 기어오르지 않는 것은 아니다. 용케도 큰 나무 위까지 올라가 세를 넓히는 경우도 많다.

개다래나무는 자웅이가(雌雄異家)인 나무로 가지 아래쪽 겨드랑이에 희고 자잘한 꽃이 핀다. 생물의 본능인 종족번식을 위해서 꽃은 최상의 향기를 뿜으며 화려하게 제 모습을 드러내는 게 원칙인데 개다래나무의 꽃은 그에 미치기엔 턱없는 수준이다. 매파 노릇을 할 곤충을 불러들일 재간이 없다는 걸 안다. 생명이나 다름없는 엽록소를 스스로 파괴하여 초록 잎을 흰색으로 변하게 한다. 매파의 눈길을 끌기 위한 고도의 작전이다. 그것으로도 부족하다 싶으면 흰색에 분홍을 섞어 완벽한 꽃모양을 갖추기도 한다.

더욱 놀라운 것은 그렇게 곤충들을 유인하여 수정이 이뤄지면 잎의 색깔을 본래대로 되돌린다는 것이다. 재빨리 엽록체를 되살려 광합성 작용을 해야만 열매를 맺을 수 있다는 걸 알고 있음이 아닌가. 정받이를 위해 쏟은 정성과 노력을 거둬들여 제 목숨도 살고 자식인 열매를 키우는 것이다. 개다래나무의 행위는 감탄스럽다. 자신의 결점을 보완하기 위해 최선의 노력을 다하여 종족번식을 하는 대견한 식물이다.

　백당나무나 산딸나무, 산수국 등도 볼품없는 꽃을 드러내기 위해 화려한 헛꽃을 피워 곤충들을 유인한다. 특히 수분이 이뤄지고 나면 가장자리에 빙 둘러 피었던 가짜꽃 무성화가 벌나비를 불러들일 역할이 끝났다는 걸 안다. 영악스럽게도 땅을 향해 제 얼굴을 달싹 뒤집어 놓고 색깔도 더이상 화려할 필요가 없음을 인식하여 누렇게 퇴색한다.

　이 모두가 열매를 맺어 씨앗을 거두기 위한 전략이고 저 살기 위한 수단이다. 하지만 튀지 않으면 살아남기 힘든 요즘 세상에 개다래나무의 전략과 노력은 많은 생각을 하게 한다. 사회생활을 하면서 나는 그만한 노력을 한 적이 있었던가? 헛꽃을 피우는 건 거짓으로 관심 유발을 하게 하는 졸렬한 수법이라고 비난한 적은 없었던가? 타고난 외모를 탓하고, 주어진 환경과 조건이 마땅찮다고 짜증을 앞세우진 않았는지. 다른 나무에 비해 색과 향기와 외양이 턱없이 부족한 개다래나무의 생존 노력을 보면서 고귀한 삶이란 겉모습으로 평할 수 없음을 느낀다.

　초록이 짙어가는 유월의 산에는 진초록색 잎을 하얗게 변색시키는 재주꾼 개다래나무가 살고 있다. 개다래나무일 수밖에 없는 자신을 최선을 다해 가꿔 살자고 소리 없이 부르짖고 있다. 심연을 울리는 한 가닥 외침이 가슴에 메아리가 된다.

뚱딴지꽃

추석 성묫길에 나서니 가을의 풍요가 눈앞에 펼쳐진다. 벼가 노랗게 여물고 들깨는 향기를 솔솔 뿌리며 수수모가지는 덩실하니 하늘로 솟아 있다. 곡식이 익어가는 길섶에는 온갖 들꽃이 눈길을 끌고 산길을 따라 갖가지 열매가 얼굴을 내밀고 반긴다.

이즈음 내 마음을 끌어당기는 것이 뚱딴지꽃이다. 뚱딴지꽃은 집 주변이나 산기슭 어디서나 잘 자라며 천덕꾸러기처럼 버려진 자투리땅에서도 무성하게 잘 산다. 파란 가을하늘을 배경으로 노랗게 핀 뚱딴지의 꽃무리가 아름답기 그지없다. 이른 아침 안개 속에 피어 있는 뚱딴지꽃은 감미롭기까지 하다.

어느 해 추석이었던가. 성묘 가는 길옆 언덕배기에 뚱딴지꽃이 무더기무더기 샛노랗게 피어 있었다. 어머니께서 그 꽃을 향해 중얼거리셨다.

"그래. 너 이쁘게 피었냐? 옛 시절엔 니 덕 보고 산 사람 참 많다."

뜬금없는 말씀에 웃고 말았지만 생각해 보니 가슴이 쏙쏙 아리는 말이다. 맛이 어떠한지 궁금했다.

"뚱딴지 맛? 덤덤혀. 물은 찍찍 나고 설컹거리고, 먼 맛이 있겄나. 식구는 많고 하도 먹을 것이 딸리는 때라 먹었지. 어린 것들은 안 먹는다고 떼를 써서 못 먹였지만 그때는 그것도 먹을거리라고 너나없이 캐다 먹었지."

뚱딴지는 키가 덜퍽지게 크고 잎사귀는 손도 못 대게 꺼슬꺼슬하다. 사람 사는 근처 아무데서나 도나캐나 자라는 식물이다. 워낙 맛이 없어 돼지나 먹는다 해서 돼지감자, 꽃이 국화를 닮았다 하여 국화감자, 북한에서 부른다는 뚝감자 등 여러 이름을 가졌지만 전라도 태생인 우리 어머니는 멍청이감자로 불렀다. 지금은 거들떠보지도 않는 울퉁불퉁한 멍청이감자지만 일제강점기나 전쟁과 흉년으로 기아에 허덕이던 어머니 세대에게는 주린 배를 채워주는 구황식물로 한몫 단단히 해낸 고마운 식물이다.

멍청이감자는 북아메리카 원산으로 우리나라 전역에 분포하며 초롱꽃목 국화과의 여러해살이 귀화식물이다. 추석을 전후로 꽃을 피우기 시작하여 가을이 이울도록 피고 진다. 작은 해바라기처럼 보이나 해바라기는 한해살이풀이며 씨앗을 먹고, 멍청이감자는 뿌리를 먹는 다년생 풀이다. 유럽에서는 조리용 채소로 쓰이며 프랑스에서는 가축의 사료로 쓰기 위해 옛날부터 재배했다고 한다. 한방에서는 국우菊芋라 하여 열을 내리게 하고 피를 멎게 하는 약으로 쓰인다. 그러나 근래엔 그저 하찮은 식물로 보아온 억센 풀이다. 그나마 잎과 줄기에 까실까실 털을 세우고 있으니 꽃색이 고와도 꺾어다 꽃꽂이를 할 수도 없다.

시대에 따라 변하는 것이 세상사라던가. 요즘 들어 멍청이감자의 인기가 상승하고 있다. 당뇨에 특효약이라 하여 재배하는 사람이 생기고 상품화하여 판매하기도 한다. 요리에 이용하며 썰어 말렸다가 볶아서 물을 끓여 먹기도 한다. 필수아미노산이 풍부하여 주스를 만들어 먹으면 좋다고 한다. 시대의 변화로 쓰임새가 달라진 것이다.

상전벽해라는 말이 실감나게 세상이 변해가고 있다. 멍청이감자를 식량으로 알던 어머니의 생전에 그 귀하던 쌀이 처치 곤란할 정도로 넘쳐나고 배고팠던 설움이 기억 저편의 일이 된 지 오래다. 참으로 다행인 반면 또 하나의 굶주림이 도래했다.

자식은 직장 따라 도회지에 살고 시골에 동그마니 남아 있는 노인들. 몸 하나 가눌 힘조차 없는 노인의 몸과 마음이 굶주리고 있다. 올해 미수이신 시백부께서는 그 연세에 부엌을 들락거려야만 한다. 시백부께서는 열여섯 살에 시집온 아내에게 칠십 년 동안 한결같이 따스한 진지를 대접받고 살았다. 아들을 잘 길러 좋은 직장을 갖도록 한 훌륭한 아내다. 그러나 말년에 와서 밥도 할 수 없는 아내의 건강이 원망스럽기만 하다. 나이 들어 당연한 줄 뻔히 알면서도 아픈 아내가 미워 죽겠다고 하신다. 복지관에 가서 이천 원짜리 밥 한 그릇을 사 먹었더니 그제야 살겠더라는 말 속에 그간의 식사가 얼마나 부실했는가를 알 만하다. 차마 눈을 마주할 수 없어 고개를 푹 떨구고 말았다.

명절이라고 우루루 몰려왔다가 훌훌 떠나가는 자식들. 연로한 부모를 두고 가는 자식의 마음인들 오죽 아플까마는 젊어서는 양식이 없어서, 늙어서는 곁에서 부양해 줄 자식이 없어서 심신이 굶주려야 하는 부모들이다. 모양도 볼품없고 맛도 맹맹한 뚱청이감자도 배불리 먹지 못하고 살아온 부모들이 이제 살 만하고 누릴 만하니 슬하는 텅텅 비었고 육신은 점점 말을 듣지 않으니 어이할꼬.

내게도 연로한 부모님이 계신다. 육남매를 둔 시부모님과, 칠남매를 둔 친정 부모님 모두 자식들과 떨어져 사신다. 참 가슴이 아프다.

샛노랗게 핀 뚱딴지꽃을 볼 때면 지난 날 어머니의 탄식이 들리는 듯 부모님의 모습이 더욱 쓸쓸하게 다가온다. 물질적으로 풍족한 가을. 마음이 더욱 쓸쓸해지는 이유다.

바람꽃 바람 따라

 땅에 닿을 듯 작은 키, 가는 몸매, 얇은 꽃잎, 그 몸 어디에 바람의 온도를 잴 수 있는 재주를 지녔을까. 대지는 아직 겨울잠에서 깨지 않은 듯 잠잠한데 어디에선가 벌써 봄바람이 이는 모양이다. 언덕 아래 양지에 봄까치꽃 열댓 송이 핀 걸 보고 나니 마음이 술렁인다. 해마다 이맘때쯤이면 도지는 봄을 앓는 병이니 치유법도 이미 알 만하다.

 벗들과 길을 나선다. 꽃 보러 가자는 말 한마디에도 함께 설레는 친구들이다. 차 안에는 금세 살랑살랑 봄바람 꽃바람이 일렁인다. 골짜기에 다다르니 얕은 개울에는 어느덧 개구리들이 알을 푸짐하게 낳아두었다. 추우면 따뜻한 곳을 찾아 땅속으로 들어가고 날 풀리는 걸 어이 알고 나와 볕받이 좋은 얕은 물에 알주머니를 펼쳐놓는지. 산 어귀에서 우리는 서로 바라보며 "오오!" 짧은 감탄사와 함께 발길을 멈추었다.

 변산바람꽃이다. 돌과 낙엽들 사이로 고운 얼굴을 반쯤 들고 다소곳이 서 있는 모습이라니. 바짝 세운 높이가 이쑤시개 하나 정도이거나 그보다 클까말까 해서 눈에 띄기도 쉽지 않지만 그 앙증맞은 모습을 그리워하는 사람들에겐 우뚝 선 동상보다 더욱 잘 보인다.

 일 년 만에 다시 만난 변산바람꽃. 저도 날 알아보는지 바르르 몸을 털며 방긋이 웃는다. 빠끔히 봄을 열고 바라보는 눈빛이 맑기도 하다. 꽃잎인 양 보이는 환히 비칠 듯 얇은 꽃받침, 초록을 입술처럼 두른 연노랑 꽃잎, 통통한 꽃술, 꽃받침을 감싼 포까지 기특하고 사랑스럽다. 꽃은 가까이 볼수록, 오래 들여다볼수록 신비로움이 깊어진다. 가슴에 품을수록 정겹고 애틋하며 눈물겹다.

 바람꽃도 종류가 많다. 변산바람꽃, 풍도바람꽃, 꿩의바람꽃, 너도바람꽃, 나도바람꽃, 만주바람꽃, 외대바람꽃, 쌍둥이바람꽃, 숲바람꽃, 솔바람꽃, 세바람꽃, 매화바람꽃, 국화바람꽃, 가래바람꽃, 홀아비바람꽃, 회리바람꽃과 수식이 붙지 않은 바람꽃이 있다. 이들 가운데 유일하게 여름에 피는 바람꽃을 제외하고는 이른봄에 꽃을 피워 귀한 대접을 받는다.

 이른봄에 피는 대부분의 바람꽃은 제 키가 작으니 아직 초목의 잎이 트지 않은 때라야 햇빛을 받아 생명을 키울 수가 있다. 그렇다고 만약 키가 크다면 꽃샘잎샘바람에 휘둘려 몸을 가누기 힘들 것이다. 작다고 불평하지 않고 이른봄 짧은 햇빛으로 생을 가꾸는 재주꾼들이다.

식물들과 가까이하며 알아갈수록 그것들의 지혜에 감탄하게 된다. 자연의 신비로움에 점점 빠져들어 감동하게 된다. 추위를 이기고 더위를 견디며 비바람에 순응하며 빛과 어둠을 다투지 않는 순전함이라니. 남들이 아직 겨울잠에 비적거릴 때 서둘러 꽃을 피우고 의연히 열매를 맺어 종족번식의 임무를 다하는 부지런하고 다부진 바람꽃들.

나는 봄이 오면 내 몸에 부는 바람결을 따라, 바람처럼, 바람꽃을 찾는다. 마치 봄을 맞는 하나의 행위처럼 해마다 길들여진 버릇이 되었다. 겨울이 갈쯤이면 왠지 모르게 마음이 싱숭생숭하며 온몸의 틈새를 찾아 바람이 들기 시작한다. 막상 바깥에는 소소리바람이 불고 몸으로 살바람이 파고드는데 마음속에는 솔솔 실바람이 일어 먼데서 불어오는 꽃바람 향기와 손을 맞잡고 뒤척인다. 그럴 때면 어쩌랴. 봄을 찾아 나설 수밖에. 바람이 들어 바람꽃을 만나야 하는지, 바람꽃이 피어 봄바람이 드는지 모를 일이다.

바람꽃은 약하디약한 모습이다. 그 몸으로 겨울이 채 가기도 전, 차디찬 땅을 뚫고 나와 찬바람도 아랑곳없이 꽃을 피우는 걸 보면 저절로 삶의 강인함을 생각하게 된다. 내가 봄날의 행사처럼 바람꽃을 마중하는 것은 아마도 그것 때문인 듯하다. 겨우내 나태해진 자신을 바람꽃으로 건드려 곧추세우려는 것인지도 모른다.

오늘도 이산 저산 둘러보며 수줍음 가득한 변산바람꽃과 해가 가려져도 꽃이 아물지 않는 너도바람꽃, 순백으로 빛나는 꿩의바람꽃을 만났다. 앙증스러워 눈에 넣어도 아프지 않을 만큼 예쁜 만주바람꽃도 만났다. 바람꽃을 보러 왔지만 산에는 부지런한 봄꽃들이 서둘러 눈을 뜨고 반긴다. 눈을 녹이며 핀다는 눈색이꽃(복수초 또는 얼음새꽃)과 아직 자줏빛 겨울색으로 몸을 감싸고 있는 얼레지의 부푼 꽃망울, 털이 보송보송한 노루귀꽃, 냉이꽃과 꽃다지도 덤으로 본다. 곧 양지꽃과 제비꽃이 피고 지천으로 봄꽃이 줄줄이 피어날 것이다. 하루가 다르게 봄 동산을 꾸려갈 수많은 꽃들이 피어 일상에 지친 사람들 가슴에 포근한 봄을 안겨줄 것이다. 나는 올봄에도 게으를 짬 없이 산을 찾고 들을 거닐며 꽃들에게서 생명의 고귀함과 삶의 아름다움을 배울 것이다. 함께 살아가는 사람들에 대한 고마움도 느낄 것이다.

아주 작아서 허리를 굽히고 무릎을 접어야만 소통할 수 있는 변산바람꽃 앞에서 그다지 성치 않은 무릎을 꿇고 엎드려 꽃을 바라본다. 나의 조심스런 호흡에도 바람처럼 흔들리는 변산바람꽃.

문득 세상 바람에 이리저리 흔들리면서도 말 한마디 내뱉지 못한 채 묵묵하게 살아가는 그 사람이 생각난다. 꽃들이 긴 겨울 혹독한 추위를 이기고 꽃을 피우고 열매를 맺듯 그에게도 봄날의 포근함과 따스한 햇볕이 비추어지기를 간절히 빌어본다. 땅에 닿을 듯 작은 바람꽃을 무릎 꿇고 바라보고 있으면 나도 모르게 기도를 드리게 된다.

봄이 가기 전, 봄볕 가득 받아 꽃 더 살찌우고 씨앗 톡톡 여물려 온 산에 꽃바람 훈훈하기를 바라며 봄 산을 뒤로한다. 봄 향기, 꽃향기가 따라와 나보다 앞서 집안으로 들어선다. 집안 구석구석이 봄의 향기로 가득하다.

철부지

코스모스는 벼가 노릇해지고 논둑의 콩잎이 빳빳해질 무렵 가을바람에 살랑살랑 한들거리며 피어야 제멋이다. 코스모스가 피면 지레 쓸쓸해지기도 하고 수수 모가지 익어가는 고향 풍경이 생각나기도 한다.

아직 삼복더위가 한창인데 코스모스가 피었다. 적당히 짤막한 키에 꽃송이가 탐스럽고 색깔도 곱다. 하지만 염천에 피니 왠지 서먹하고 계절을 가늠하기 어렵다.

요즘엔 코스모스만 철을 어기는 것이 아니다. 봄에나 먹던 쑥갓이 때 없이 나오고 여름에나 맛보던 수박이 겨울에도 있는가 하면 온갖 푸성귀나 과일을 사시사철 언제라도 구할 수 있다. 이대로 가다가는 여름에 눈이 오고 겨울에 비가 올 수도 있겠구나 싶다.

옛날에는 여름엔 몹시 더워 땀띠가 다닥다닥 솟고, 겨울엔 지독하게 추워 문고리에 손가락이 쩍쩍 들러붙었으며 귀가 얼고 손발에 동상이 걸리기도 했다. 그랬는데, 이젠 여름엔 냉방 시설이 잘되어 긴팔 옷을 입어야 하고, 겨울엔 난방 덕에 여름인 양 반팔에 반바지를 입고 살아도 거리낌이 없다. 철을 잊고 사는 것인지, 철을 거스르고 사는 것인지.

사람이 나이 들어서도 철을 아는 듯 모르는 듯 산다면 저하나 살기는 편안하다. 그러나 어느 정도 나이가 되면 철을 갖춰야 하는 것이 타인에 대한 예의이다. 혼자 사는 세상이 아니기 때문이다. 철이 난다는 것은 어른이 된다는 것이며 자기 인생에 도리를 다해야 함을 의식한다는 의미이기도 하다. 나이 들어가면서 힘들어지는 것 가운데 하나가 사람 노릇 하는 일이다.

주위 어른들이 어린 내게 철이 꽉 찼다고 말했다. 어린것이 애어른처럼 철이 들어 부모 속을 안 썩이고 동생들을 살뜰하게 거둔다는 말을 그렇게 했던 것 같다. 그 말에 묶였던지, 타고난 성품인지, 부모님께 효도하고 동생들에게 부모맞잡이 노릇을 해야 하는 게 숙명인 것처럼 알고 살았다. 혼인하고서는 시어른들이나 동네 어른들의 착한 며느리, '조선에 없는 며느리'와 같은 입발림 소리에 길들여져 그 말에 맞춰 살았다.

마음도 변하는지 나이가 들어갈수록 거기서 놓여나고 싶었다. 그게 바로 2단계 철이 드는 과정이라는 것을 수십 년이 지난 후에 깨달았다. 철이 드는 것은 착실하고 성실하게 제 할 일 잘하는 것이 아니라, 자기 자신을 인정하는 것이라는 것을. 자기를 버리고 스스로 희생을 강요한 것은 자기존중을 모르기 때문이었다.

세상살이의 정석은 무엇인가? 때로는 고뇌의 자리에 앉아 로댕의 '생각하는 사람'이었다가, 어느 때는 방랑자가 되었다가, 마침내 빈방에 엎드려 자신의 길을 돌아보며 한없이 울었다. 철없이 살아온 후회와 억울함에 통곡했다. 나를 버리고 남을 생각하며 사는 일은 멍청하고 답답하다. 부지런한 딸, 착한 며느리, 성실한 아내, 좋은 엄마는 자신을 꼿꼿이 세운 후에 일으키는 것이라야 한다. 내 삶의 정답이 확고하게 느껴진 그때, 비로소 나를 위한 방법을 찾아야겠다고 생각했다. 진짜 철이 든 것이다.

철이란 계절이나 절기를 의미한다. 또한 사리를 헤아릴 줄 아는 힘, 곧 지혜를 뜻하는 말이다. 그 '철' 뒤에 '부지不知'가 붙어 무엇이 옳고 그른지 판단하지 못하는 어린애 같은 사람을 일컬어 철부지라고 한다. 세상일은 정석대로 이루어지는 것이라고 믿는 것도 철부지라고 덧붙이고 싶다.

공자는 지천명에 이르면 하늘의 뜻을 안다고 했다. 철부지라면 가당치 않다. 이순이 되어도 하늘의 뜻은커녕 사람의 심중도 헤아리지 못하여 괴로움을 겪지 않던가. 하늘의 뜻이 심오하니 모를 수도 있고, 사람이 어리석어 헤아릴 수 없기도 하다. 24절기를 달달 외우고, 솜털 스치는 바람으로 철 바뀜을 짚어내는 예민함이 있다 한들, 풍진 세상을 살아내기엔 힘에 부칠 것이다. 바위에 달걀을 던지면 달걀은 형체도 없이 산화되고 말지만 바위는 스친 자국 하나 남지 않는다. 더 큰일은 바위의 속성이 어찌됐건 사람들은 든든해 보이는 바위에 제 목숨을 저당 잡힌 것마냥 행세한다. 그것도 깊은 철이 들어야만 안다.

  나잇값을 하는 것은 철이 든 덕이다. 그러나 완벽한 나잇값을 하기는 너무나 어렵고 힘이 든다. 그러기에 제철음식만 먹던 생활이 변화하여 아무때나 맘만 먹으면 원하는 음식을 먹을 수 있는 세상이 되었듯이, 코스모스가 여름에 필 수도 있다. 필요에 의해 해바라기를 겨울에 피우기도 하는 현 시대를 산다.

  사람은 세상바람에 맞춰 살아야 한다. 나는 늦었지만 이제라도 현대의 바람을 타며 살랑살랑 살고 싶다. 그 누구보다 나 자신을 먼저 생각하고 나를 위하는 삶을 살아보고 싶다.

  지금도 옛날의 동화 같은 어른들은 내게 일찍부터 철이 들었노라고 말한다. 나는 지금이라도 철 울타리를 훌훌 벗어나 철부지로 살고 싶다.

경기전의 나무들

조선 태조 이성계의 어진을 봉안한 전주의 경기전은 600년 조선의 역사를 안고 있는 곳이다. 그곳에는 역사의 흐름과 더불어 철따라 세월 따라 아름답게 나이를 먹는 나무들이 살고 있다. 그 희귀한 변화와 기이함에 이끌려 찾는 이들의 발길이 자주 머물곤 한다.

정문을 들어서면 홍살문 양옆으로 느티나무와 팽나무, 단풍나무, 은행나무 등이 전각을 보호하듯 서 있으며 주변에 큰 나무들이 있다. 예전엔 울창한 숲에 든 것처럼 나무가 많았는데 점점 그 수가 줄었다. 그렇지만 노거수 한 그루 한 그루에는 긴 역사가 들어 있어 경건함을 갖게 하며 세월이라는 연출자가 만들어낸 기묘한 작품들은 감동적이다.

정문에서 오른쪽으로 몇 발짝 옮기면 전북에서 가장 오래된

400년생 회화나무가 늠름하고 멋지다. 회화나무 명치쯤엔 커다란 거북이가 승천이라도 하려는 것처럼 위를 향해 기어오르고 있으며, 좀더 위쪽에는 하마 한 마리가 머리를 들고 마치 눈을 맞추자는 듯 빤히 바라보고 있다. 오래된 이 나무는 거북이와 하마뿐만 아니라 세월의 자취가 뭉텅뭉텅 옹이가 되어 여기저기 불거져 있다. 거북이와 하마 형상 역시 이 나무의 삶의 상처가 굳어서 된 옹이다.

경기전에 들를 때면 회화나무를 보기 위해 그곳으로 향한다. 그리곤 늙은 부모의 얼굴을 매만지듯 까끌까끌한 나무껍질을 쓰다듬으며 나무의 이야기에 귀를 모은다. 회화나무는 신목이라서 자명괴(自鳴槐=스스로 우는)라는 꽃이 한 나무에 딱 한 송이씩 섞여 핀다지? 까마귀는 이 자명괴를 따 먹어 인간세계의 길흉화복을 미리 알고 까악까악 울어준다지? 나도 괴화 한 송이 따 먹고 신통력을 얻어 볼까. 경기전 서문 쪽에 있는 회화나무는 아직 수세가 한창이어서 옹이도 없고 키가 클 뿐만 아니라 수관이 높고 수관 폭도 넓다. 넉넉한 자태에 꽃도 흐벅지게 피우는 걸 보면 한창때의 젊은이를 바라보듯 마음이 푸짐해진다.

화장실 앞에 있는 주엽나무는 300세라는 나이에 걸맞게 늙고 늙어 수피가 나무인지 돌인지 분간을 못할 정도다. 온몸이 수술투성이에 혹처럼 툭툭 불거지고 줄기도 가지도 다 잘려나간 채 표면의 가시도 육질 안으로 모두 파묻혀버렸다. 마치

이빨 빠진 호랑이를 연상케 한다. 그런데도 남은 가지에선 새 잎과 꽃이 피고 배배 꼬인 커다란 씨앗 꼬투리를 주렁주렁 달았다. 어떻게 그런 몸으로 삶을 멈추지 않고 생명을 틔우고 열매를 익혀 종족번식을 꾀하는지. 겨울바람에 장단 맞춰 씨앗통을 흔들어 잘그락잘그락 소리를 내는지. 경탄하지 않곤 못 배기겠다.

사고史庫와 대밭 사이엔 대여섯 그루의 매화나무가 있다. 그 가운데 등이 꺾이듯 굽어진 늙은 매화나무 한 그루! 의아할 만큼 희한한 모습으로 눈길을 끄는 청매실나무는 이른봄마다 고고하게 꽃을 피워 은은한 향기를 자아낸다. 크지도 굵지도 않은 나무지만 모양과 향기를 차려 인간의 심상에 감동을 새기는 나무. 신기하고 정갈한 맵시에 시간의 신비까지 오롯이 안은 이 매화나무를 볼 때마다 생각나는 사람이 있다.

딸들이 어렸을 적, 경기전에는 박물관이 있고, 전주 이씨의 시조 이한과 시조비 경주 김씨의 위패를 봉안한 조경묘에 하얀 한복을 입은 할머니가 살고 계셨다. 할머니는 섬돌 위에 놓인 새하얀 고무신을 신고 다가와 뜰안 우물 옆에 있던 포도나무의 포도를 따서 우리 아이들 손에 올려주셨다. 자그마한 체구의 그 할머니가 굴곡진 삶을 사신 바로 이문용 옹주란 사실은 나중에야 알았다. 왠지 이곳 노매를 보면 단아한 그 할머니 모습이 떠오르곤 한다.

매화나무 바로 앞엔 대숲이 있다. 쭉쭉 곧은 모습에 사철

푸른빛으로 반기는 대나무숲엔 전주를 '꽃심의 땅'이라고 이름 붙인 《혼불》을 쓴 최명희 작가의 전설 같은 이야기가 담겨 있다. 최명희 작가와 각별한 사이였다던 김상휘 소설가가 감칠맛 나게 들려준 말에 의하면 최명희 님이 소설 《혼불》을 구상할 때 바로 여기, 경기전 대숲에서 영감을 얻었다고 한다. 자기의 내면의 세계를 보기라도 한 건지 자신이 조선의 무수리였던 환상을 보았다고 한다. 영상물을 보여주듯 들려준 그 얘기는 《혼불》을 애독한 나에게 오랫동안 신비로움을 더해주었다. 얼마나 몰두하였으면 환상을 통해 자신의 과거를 볼 수 있었을까. 17년 동안 《혼불》에만 매달려 "손가락으로 바위를 뚫듯이, 사무치게 한 자 한 자 썼다."는 최명희 님. 전심전력을 다하는 사람에게 천우신조가 내려진다는 건 진리임에 틀림이 없다. 그러기에 최명희 님은 《혼불》을 통해 우리말의 아름다움과 운율을 살리고 모국어의 감미로움과 미려함을 알려주지 않았을까.

지금도 날마다 누군가를 위해 숨어있는 이야기를 들려주고 있을지도 모르는 대숲에선 맑은 향기가 끊이지 않는다.

대숲 옆엔 전국에서 가장 키가 크다는 능소화가 크나큰 잣나무를 감고 높이 올라 꽃을 피운다. 저 혼자선 설 수 없는 능소화의 기둥이 되어주는 잣나무를 칭송해야 할지, 삶의 여건을 탓하지 않고 힘을 다하여 오르고 올라 굳건히 등불 같은 꽃을 피우는 능소화를 장하다 해야 할지. 참 오랜 세월을 함께 기대고 혹은 부대끼며 살았을 두 나무. 꽃대궐에 살지라도 큰 나무가 좁은 마당에 갇혀 산다는 건 비운이겠지만.

정전과 내신문 사이에는 연리목이기도 하고 연리지이기도 한 배롱나무가 몇 그루 있다. 긴긴 시간 동안 나무둥치들은 서로의 품을 파고들었고 줄기들은 부딪히고 비벼대며 한 살이 되었을 터. 껍질이 찢어지는 아픔과 생살이 터지는 고통을 견뎌내고 맨살로 하나가 된 신기한 나무 앞에서 사람 사이의 냉랭함이 떠올라 부끄러워진다. 두 몸이 한 몸이 된다고 하여 부부의 영원한 사랑에 비유하는 연리목이나 연리지를 사랑나무라고 한다. 이 나무는 둘 중에 한 나무가 죽게 될 경우엔 다른 나무가 영양을 공급하여 살 수 있도록 돕는다고 한다. 경기전의 연리목 배롱나무는 한 가지만 이어진 게 아니다. 얽히고설킨 여러 줄기가 여기저기 군데군데 이어져 있다. 연년세세 이어져 오는 우리 역사의 관계가 저러지 않을까 싶다.

예종태실 쪽으로 '솔송'이라는 명패를 단 소나무가 있다. 해맑으면서 짤막한 잎, 결이 고운 수피를 가진 솔송은 귀티가 잘잘 난다. 그동안 수목원이나 식물원을 수없이 다녀 봤지만 한 번도 이와 같은 나무를 본 적이 없었는데 머나먼 그랜드캐니언에서 이곳 솔송과 똑 닮은 나무를 보았다. 이 귀한 솔송이 커다란 단풍나무와 측백나무에 가려 연약하기도 하거니와 제대로 볼 수가 없다. 시청에 문의했지만 경기전은 문화재라는 이유로 나무 한 그루도 아무렇게나 손댈 수가 없다고 한다.

그러나 자라는 대로 도나캐나 놔두기엔 솔송의 아름다운 자태가 아깝고 망가질까 걱정이 된다. 나무가 사라질 경우 되살릴 수가 없으니 수백 년 세월과 함께 도태되고 마는 걸.

  예전에, 경기전의 굽은 매화에 대해 전주시청으로 엽서를 보냈다. 가뜩이나 힘겨워 보이는 매실나무에 초등학생들이 겉옷을 걸어두고 뛰어노는 것을 보고 울타리를 하면 어떻겠는지 제안을 한 것이다. 그 후, 매실나무 둘레엔 낮은 울타리가 쳐지고 비로소 안심을 하게 됐다. 아직도 솔송의 안위에 마음이 놓이지 않는다. 또한 어떤 이유로 묵은 나무들이 커다란 원형으로 자취만 남기고 잘려지는 걸 보면 안타깝고 애도랍다.

  한때 전국의 오래된 나무들을 찾아다닌 적이 있다. 그때나 지금이나 노거수 앞에 서면 어른 앞에서처럼 조신하게 되고 경외심이 앞서곤 한다. 하물며 역사를 품고 몇 세대를 지켜 살아온 경기전의 나무들임에랴. 그들이 더이상 잘려 나가지 않기를 바란다. 고풍적인 전각들과 어우러져 잘 살아가기를 바라며 선조들을 생각하며 구석구석 오래 묵은 나무들을 오래오래 살펴보는 건 벅찬 즐거움이다.

강을 건너는 우렁
옥수수
샘바다의 부부나무
아침을 여는 소리
코밑의 가로
산길 따라 물길 따라
톡톡, 한반도의 허리
쌀밥 신세

강을 건너는 우덩

 자갈밭을 겅중겅중 뛰는 풀이 있다. 뛰는 게 그의 특성이라 모래밭을 걸을 때도 성큼성큼 걸음 너비가 멀다. 그는 뿌리로 덤벙덤벙 달음질을 한다 하여, 또는 뿌리를 달고 다닌다 하여 이름이 달뿌리풀이다. 키다리 달뿌리풀은 뿌리가 가늘고 줄기도 가냘프다. 무더기로 바람에 쓰러지기 쉽다. 덤벙거리니 자칫 넘어지기도 할 것이다. 달뿌리풀을 '덩굴달'이라고도 하며 그냥 '달'이라 부르기도 한다.
 우리 아버지는 달뿌리풀을 '우덩'이라고 한다. '강을 건너는 우덩'이란다. 우덩이라니. 풀이 강을 건너다니? 우덩이라는 풀 이름이 낯설어 몇 번이나 되물으며 확인하다가 슬며시 말머리를 돌리고 만다. 딸이 시원스럽게 알아듣지 못하니 아버지도 못내 안타까울 게 분명하다. 내가 못 알아들어 아쉬운들 아버지 당신만큼 답답하랴.

 아니, 그렇게도 정정하던 아버지가 언제 그리 늙으셨는지. 어느새 귀는 어두워져 큰 소리를 쳐야 하는지. 소리가 클수록 웅웅 울린다는 보청기가 얼마나 거추장스러울까. 안타깝고 송구스러운 마음이 가슴을 짓누른다. 나이 칠십이 되도록 모르는 것 있으면 "아버지, 이러저러한 그것이 무엇이지요?" 또는 "아버지, 그 옛날 어쩌고저쩌고 했을 때 이야기 좀 들려주세요." 하며 어리광을 부리고 살았는데. '이제 어쩌지?' '이제 누구에게 임의롭게 물어보며 세상을 살지?' 가슴이 싸하도록 깊은 슬픔이 밀려온다. 아버지는 딸의 물음에 도움이 될까 하여 숨찬 소리를 이어 달뿌리풀 얘기를 건네주신다.

 "고것이 갱변 자갈밭에서 사는디 가물어 강물이 줄어들잖여? 고게 그걸 어떻게 알고 '때는 이때다.' 허고 얼릉 서둘러 강바닥을 기어 건너간당게. 고것이 소한티는 쌀밥이여."라는 그 말로 풀이 강을 건너간다는 수수께끼는 풀렸다. 그럼 혹시? '소가 좋아하는 덩굴'이란 뜻으로 '우덩'이라고 이름을 붙였을까? 아버지가 힘들까봐 나 혼자만 속으로 생각해 본다. 물이 밭은 강을 가로질러 줄기를 뻗으며 자갈밭에 뿌리를 내리는 달뿌리풀의 마디진 줄기가 눈앞에 선하다. 섬진강 최상류 강가에 살면서 실제 보아온 눈에 익은 풍경이다.

 우리 형제들은 해가 설핏할 무렵이면 아버지가 새벽에 메어둔 소를 데리러 가곤 했다. 달뿌리풀이 무성한 강변에서 배가 불룩하도록 풀을 뜯은 소는 우리 형제들을 먼저 알아보고 "움무~~~." 길게 소리 내어 반겼다. 소는 달뿌리풀을 무척이나 잘 먹었다. 하루 종일 고삐가 닿는 만큼의 반경을 돌며 달뿌리풀을 뭉텅뭉텅 잘라 먹고는 풀섶 그늘에 배를 부리고 앉아 되새김질을 한다. 커다란 눈을 껌벅이면서 가끔 꼬리를 흔들어 파리를 쫓기도 하고 부드러운 소리로 송아지를 어르기도 하면서.

 달뿌리풀 이름이 여럿인 것은 지역에 따라 다르게 불렸기 때문일 것이다. 요즘처럼 온 국민이, 또는 온 세상 사람이 함께 누릴 수 있는 대중매체가 없던 옛날, 하나의 풀을 부르는 이름이 지역마다 다를 수 있어 하나로 통용되기는 어려웠을 것이다. 그러한 이름들이 어찌 달뿌리풀 하나뿐이랴. 이름뿐이 아니다. 비슷한 식물들을 구별하기도 매우 아리송하다. 우리는 흔히 갈대와 억새를 두고 혼동을 한다. 식물들은 비슷비슷하여 이름 가리기 어려운 것들이 꽤 많다.

 식물에 관심을 기울인지 퍽 오래되었다. 그렇지만 식물은 각각이면서 하나인 듯 이름 외우기가 쉽지 않다. 평생 산과 들을 누비며 살아온 아버지는 야생식물에 대해 잘 아신다. 식물도감이나 인터넷 검색으로 아리송할 때 아버지께 여쭈면 웬만한 것은 거의 알려주셨다. 게다가 덤으로 얻는 아버지와 딸의 스토리텔링은 더욱 알겼다. 오늘도 제법 오랫동안 이런저런 방법으로 공부를 했지만 막상 줄과 달뿌리풀 구별이 헷갈려 전화를 드렸던 것이다. 그런데 어느덧 구순에 이른 아버지가 전화 소리를 잘 듣지 못하시니 어찌 섧지 않으리.

나는 아버지가 스무 살 때 아버지의 맏딸로 태어났다. 자라면서 늘 아버지가 어려우면서도 든든했다. 옆 마을의 어르신들이 "뉘댁 따님이신가?" 물었을 때 아버지 이름을 대는 게 왠지 뿌듯했다. 아버지를 신뢰하는 만큼 세상 남자들을 마냥 좋은 눈으로 바라볼 수 있었다.

물가에 사는 달뿌리풀은 이삭이 달린 벼과식물이다. 물을 맑게 해주는 탁월한 능력을 가진 환경정화식물이기도 하다. 환경파괴가 심한 요즘 세상에 물을 깨끗하게 해줄 수 있는 꼭 필요한, 참으로 소중한 식물인 셈이다.

여름이 무르익어 가는 소리에 끌려 강줄기를 찾아 나섰다. 기관이나 주민들까지 합세하여 자연환경에 관심을 둔 덕에 크고 작은 강들은 말끔하게 꾸며져 있다. 강가에는 공원이 만들어지고 다방면으로 길을 내어 다양한 식물들이 색색의 꽃을 피우고 있다. 가는 곳마다 꽃길, 꽃동산이다. 강가의 촉촉한 물기로 식물이 우거지니 새들이 모여들고 물에는 물고기도 많은지 새들의 눈초리가 분주하다. 가뭄에 식물들이 타들어간다고 아우성인데 강가의 식물들은 싱싱하다. 긴 세월 마른 땅에서 길들여진 식물들까지 물 찾아 강가로 내려와 버젓이 자리를 잡고 꽃잔치에 흥겹다.

그 가운데서도 물을 좋아하는 버드나무들이 숲을 이루고 강변을 따라 여기저기 달뿌리풀이 한창이다. 초록으로 한껏 멋을 부린 자연 덕에 내 마음도 푸르러진다. 지천으로 널린 초록 빛깔이 이렇듯 찬란하다는 걸 새삼 깨닫는다. 그렇다고 물가에 달뿌리풀만 있는 건 아니다. 키가 큰 그와 비슷한 갈대, 줄, 모새달, 억새와 같은 무리들이 울창하여 풀밭, 아니 풀숲이다. 겨우 반세기 전, 벌겋게 벗겨진 채 신음하던 산과 메마른 들녘이 언제 이렇게 초록 숲이 되었는지.

  지금이 그때라면 이 많은 풀들은 퇴비나 땔감으로 베어졌을 테고, 드넓은 풀밭은 군데군데 누런 어미 소가 쉼 없이 풀을 뜯을 것이다. 옆에는 그림처럼 송아지가 어미젖을 먹으며 긴 속눈썹을 깜박이면서 한가롭겠지. 마루에 둔 책도 거뜬히 먹어치우던 까만 염소는 배가 똥그래질 때까지 이 많은 풀을 뜯으며 행복하겠지. 그때는 소, 염소, 토끼, 닭, 돼지까지 풀을 먹여 길렀다. 사료라는 말 대신 '꼴'이라는 예쁜 우리말을 쓰고 살았지. 아이들도 학교에서 돌아오면 으레 꼴망태를 짊어지고 꼴을 베러 나가곤 했지.

  물가에 우거진 달뿌리풀이나 갈대를 볼 때면 먹먹한 감정이 앞선다. 이른봄부터 돋기 시작하는 그들은 언제나 혼자가 아니다. 군락을 지어 산다. 텅 빈 줄기에 2~3미터나 되는 큰 키로 살아야 하는 제 몸의 특성을 고려한 삶의 방식이다. 가늘고 크니 바람이 세차게 불면 쓰러지지 않고 어이 버티랴. 장마에 큰물이 지면 영락없이 쓸려가고 말 것을 왜 모르겠는가. 이 풀들도 지혜로워 그걸 잘 알고 방책을 세운다. 저희들끼리 무리를 지어 가는 뿌리일망정 서로 얽히고설켜 뗏장처럼 단단히 붙잡는다. 가는 줄기가 쓰러질까봐 서로서로 의지하며 산다. 물가에 터를 잡았으니 물이 불었을 때 잠기지 않으려면 덜썩 키가 클 수밖에 없다.

내가 이맘때쯤 일부러 그 광경을 보며 감동의 눈물을 짓는 이유는 그것만이 아니다. 줄기 속이 텅 빈 초록줄기가 짱짱해지는 여름까지 줄기들 사이에서 차마 사그라지지 못하고 서 있는 누렇게 바랜 노구 때문이다. 풀의 어미는 세상 무서운 줄 모르고 폭풍성장 하는 여린 것들에 마음을 놓을 수가 없다. 계절이 지나고 죽어서 삭은 몸은 벌써 비바람에 꺾여 나갔지만 어린 줄기를 보호할 만큼의 길이로 남아 새 줄기를 지키는 버팀목이 된 것이다. 그 모습이 어찌 제 자식의 홀로서기를 돕는 인간과 다르다고 할 수 있을까. 어찌 포유류만이 모성애가 있다고 할 것인가.

이 깨달음 전에는 때깔 좋은 초록 무리에 누리끼리한 모습으로 서있는 모습을 보면 '죽어서까지 무슨 미련이 남아 저럴까.' 하고 비웃었다. 지금은 곡해를 한 게 몹시 부끄럽다. 팔십세 노모가 육십 세 자식에게 '길조심하라'는 건 괜한 기우가 아니라 부모의 진정한 사랑인 것을. 주검이 되어서도 새로 돋는 풀이 짱짱하게 설 때까지 곧추 받혀주는 코끝이 시큰해지는 보살핌이다. 죽어서도 아주 죽지 못하는 부모의 사랑이다.

칠십이 되어도 인터넷 검색보다 몇 백 배 아버지의 말씀이 그립고 미더워 나는 다시 전화를 한다. "아버지, 우덩이 맞지요?" "그려. 그려. 소 쌀밥 그것이 강을 건너는 우덩이여." 아버지의 목소리가 달뿌리풀의 빛바랜 줄기에 실려 숨이 가쁘다.

   날이 밝으면 나의 뿌리를 들고 아버지에게로 겅중겅중 달려가야지. 반 년 전에 어머니를 여의고 채 슬픔에서 벗어나지 못한 나는, 사그라지기 직전인 아버지의 누런 줄기에 기대고 사는 유월의 여린 우덩이다.

옥수수

 요즘 옥수수가 제철이다. 옥수수는 한여름 땡볕이 내릴 때 먹어야 맛있다. 그것도 시원한 대청마루 기둥에 기대거나 나무그늘 평상에 앉아 먹으면 더욱 맛이 좋다. 매미 소리를 들으며 따뜻할 때 먹어야 딱 제맛이다. 올해도 친언니처럼 챙겨주는 분이 옥수수를 두 포대나 보내주셨다. 먹어보나마나 맛이 일품인 무주의 대학찰옥수수. 옥수수를 보자 옛날이 슬금슬금 다가온다.

 옥수수에는 옛날이 한가득 담겨있다. 먹는 맛도 맛이려니와 추억을 새록새록 되새겨보는 재미도 크다. 할머니는 손주들 먹이는 게 제일 큰일이라며 밭가에 옥수수를 몽땅 심으셨다. 아버지가 작물에 그늘이 지니 조금만 심자고 해도 그때만큼은 아버지를 나무라며 당신 주장대로 종일 호미질로 옥수수를 심으셨다. 손주들이 좋아하는 단수수도 빼놓지 않고 심으셨다. 머리엔 수건을 쓰고 삼베 치맛자락에 씨앗을 담아 허리끈에 졸라매면 삼베고쟁이가 반절쯤 보이던 할머니의 모습. 삼베 통치마는 풀을 세게 먹여 빳빳하고 방방했다. 언제나 손주들의 주전부리를 살뜰히 챙기시던 할머니.

전쟁을 치르고, 끝맺음도 없이 나라가 두 동강나고 말았으니 누구라 할 것도 없이 가난하고 배고픈 시절이었다. 하필 그때 혼인을 하고 자식을 낳아 길렀던 어머니에겐 옥수수는 눈물이었다. 가족들의 끼니를 위해 급급하시던 어머니는 농작물은 물론이고 들이나 산에서 나는 온갖 먹거리를 섭렵하여 식구들의 양식으로 삼으셨다. 나물, 새알, 열매 같은 게 있을 만한 곳이면 어디든지 달려가 먹을거리를 장만하던 부지런한 어머니. 초가지붕 기스락에 팔을 집어넣어 참새를 잡는 일까지도 마다하지 않으셨다.

그러나 할머니가 심은 옥수수만은 할머니 마음이었다. 할머니는 농사를 짓지 않는 둘째 아들 손주들을 늘 목에 가시처럼 아파하셨다. 더구나 둘째 며느리가 일찍 세상을 뜨고 나니 애들 키울 손이 없었다. 올망졸망한 어린것들을 큰아들 집 옆으로 이사시켜 살고 있었으니 오죽했으랴. 그러기에 더 자주 손주들의 군입정거리를 만드셨는지도 모른다. 어린 우리 형제들은 할머니가 쪄주시는 강낭콩이 박힌 빵이라든가 달달한 감주 또는 밥보자기를 깔고 찐, 술 냄새 나는 찐빵을 먹으며 행복했다. 할머니는 우리 형제들보다 엄마 없는 손주들을 더 먼저 챙기셨음은 물론이다.

그렇지만 우리 어머니는 그런 사정이 늘 살얼음판같이 조심스럽고 못마땅했을 것이다. 나는 할머니가 참깨, 들깨, 동부 같은 것들을 치마 속에 감추고 엄마 몰래 작은집으로 가져가는 걸 자주 보았다. 때로는 울타리 너머 작은집 마당으로 훌쩍 던지기도 했다. 그렇지만 엄마한테 말하지 못했다. 할머니가 이르지 마라 다짐을 두어서 그러기도 했지만 엄마가 알면 속상할까봐 입을 꾹 다문 것이다. 지금 생각해도 참 잘한 것 같다. 텃밭이나 논에서 거둔 것도 몫을 나누어 함께 먹었는데 그런 것까지 알았더라면 엄마 사는 게 더 팍팍하고 괴로웠을 것이기에.

전쟁 후, 1950~60년대를 살아본 사람은 안다. 배고픔이 얼마나 서럽고 큰 고통인 것을. 먹을 것이 넘쳐나는 이 시대에 굳이 들먹일 필요야 없지만 그렇다고 지난 그 때를 잊어서는 안 된다. 인류가 배고픔에서 벗어난 지는 그리 오래되지 않았다. 우리나라뿐 아니라 중국이나 프랑스 등 다른 나라도 식량난에 허덕인 정도가 가히 상상을 초월할 정도로 심각했었다. 차마 말할 수 없을 만큼 비정하고 비참한 일들에도 속수무책이었다. 펄벅의 《대지》를 읽으며 무서워 소름끼치던 굶주림의 실상들은 잊을 수가 없다. 중국 그 너른 땅에 흉년이 들어 너나없이 굶주림으로 허덕일 때, 마을 뉘 집의 굴뚝에서 연기가

난 후엔 그 집 아이 하나가 사라지고 영영 나타나지 않았다는 구절이 그 하나다. 지금도 세상엔 헐벗고 굶주리는 나라가 많다. 살아 있는 것들은 먹어야만 살 수 있다. 그러기에 인류는 먹을 것에 안심할 수 없다. 언제 어떤 경위로 기아로 인한 생명의 위협을 받을지 모를 일이기 때문이다.

현재의 풍요로움은 영원히 지속될 수 있을까, 미래의 식량에는 문제가 없을까. 식량의 미래는 첨단무기로 치르는 전쟁보다 훨씬 무서운 거라고 학자들이 단언한다. 학자들은 미래의 식량으로 옥수수를 말한다. 여행길에 본 땅 넓은 나라들의 끝도 보이지 않는 옥수수밭. 파종에서 수확까지 일사천리로 기계화 되어 수확이 어마어마하다고 한다. 만약 어떤 이유로든 식량난이 발생하면 그들의 위력은 하늘 높은 줄 모르게 높아질 것이다. 중동 석유전쟁을 보면 안다. 식량전쟁은 석유전쟁보다 더욱 심각하고 잔인하다. 상상만으로도 걱정과 두려움이 앞선다. 우리는 인류를 책임져야 할 사람 중에 하나이며, 다음 세대에게 물려줘야 할 책임자이기 때문이다. 더구나 미래를 짊어지고 대를 이어갈 사람이 바로 우리의 후손들이잖은가.

한끼 끼니를 걱정하던 옛날의 어머니를 생각하니 문득 어릴 적, 초등학교에서 받아먹던 노란 옥수수죽이 떠오른다. 빈 도시락통을 가져가면 작은 바가지로 퍼주던 깡냉이(옥수수)죽. 참 맛있었다. 곰팡이가 나고 돌처럼 굳은 우유 덩어리도 한두 번

배급을 받은 적 있다. 그것이나마 먹고살겠다고 앞니로 힘들게 갉아먹던 게 그림이나 사진으로가 아니고, 바로 1950년대 생인 내 또래가 겪은 일이다. 가난으로 찌들고 굶주린 우리 국민은 겨우 반세기 전에, 남의 나라가 보내준 구호품 옥수수죽과 부패한 우유 덩어리를 얻어먹고 살았던 것이다. 짧은 동안 풍요롭게 변한 오늘을 살지만 잊으면 안 되는 과거이다.

옥수수 익는 구수한 냄새가 온 집안에 퍼진다. 어머니는 옥수수를 삶을 때면 할머니의 눈치를 피해 점이네 집에 한 바가지씩 갖다 주셨다. 타지에서 이사와 곁방살이하는 점이네는 옥수수 심을 땅이 없었기에 어머니가 가져다주는 옥수수가 점이네 집의 웃음꽃이 되곤 했다. 할머니도 어머니도 옥수수는 긴긴 여름날의 허기를 채워주는 소중한 나눔의 먹거리인 셈이었다.

지금은 먹을 것이 흔전만전인 세상. 막 쪄서 맛 최고인 옥수수를 앞에 두고 한 알 한 알 헤아리며 상념에 젖어보았다. 받아서 고맙고 주어서 흐뭇한 옥수수가 먼 훗날에도 우리 후손들에게 구수한 인정이기를 빌어본다.

샘바다의 부부나무

 탱글탱글 여문 햇살이 차창을 넘실거리는 날. 부모님을 모시고 길을 나섰다. 〈정읍사〉와 망부석을 보여드리며 옛날에 불렀던 달 노래를 어머니와 함께 불러보고 싶었다. 그 노래를 아버지께 직접 들려드리고 싶었다. 요즘 부쩍 쇠잔해지는 것 같아 두 분의 젊음을 상기시켜 드리고 싶은 마음도 컸다.
 가는 길목에 있는 역사 속의 샘터를 찾았다. 정읍이라는 지명의 시원始原인 샘바다, 정해井海라는 샘이다. 샘물이 얼마나 넉넉하게 솟았으면, 얼마나 풍족한 물을 바랐으면, 우물에 바다라는 이름을 붙였을까.
 샘바다 어귀에 이르니 샘보다 앞서 손자목을 거느린 '부부나무'가 널찍한 그늘을 펼치고 반긴다. 덥석 부부나무 아래로 들었다가 주춤 걸음을 멈추었다. "세상에, 세상에, 다정도 하시어라." 민망할 만큼 서로 꽉 껴안고 있는 커다란 두 나무를 보고 놀랐지만 우리는 서로 바라보며 낯꽃이 환해졌다.

400년이 되었다는 부부나무는 두 그루가 아예 한몸이다. 딱딱하고 단단한 팽나무가 부드러운 왕버들나무를 물샐 틈 하나 없이 한 몸처럼 껴안고 있다. 생김새도 성격도 다른 남녀가 부부의 연을 맺어 백년해로하듯이, 생판 다른 이 두 나무도 하나가 되어 400년 긴 세월을 산 것이다. 긴긴 세월 서로를 의지하며 살아온 경이로운 두 나무를 공손히 배알했다. 왠지 모를 뜨거움이 울컥 올라온다.

아버지와 어머니는 열아홉 살과 스무 살에 만나 70년 남짓 한몸처럼 사신다. 어머니가 늘 약봉지를 달고 살지만 아버지는 불평 한번 한 적 없이 어머니를 거들며 세월을 달게 꾸려가신다. 지극정성으로 서로를 위하고 배려하는 아름다운 모습을 보며 나도 혼인하면 그리 살겠거니 했다.

웬걸, 막상 혼인을 하고 보니 둘이 하나가 된다는 건 아픔이고 고뇌라는 걸 알았다. 대장간의 쇳덩이처럼 담금질로 수없이 연마해야 하는 게 부부의 사랑이었다. 더구나 세상은 비바람이 불고, 천둥 번개가 치고, 세찬 파도가 밀려오기도 한다. 사랑을 한다는 건, 부부가 한마음 한몸이 되기 위해선, 제 색깔을 지우고 상대를 위해 끊임없이 기도하듯 마음을 닦아야 했다.

모양도 속성도 다른 두 나무가 한몸이 되어 아름드리 거목으로 성장하기까지 시련도 많았을 것이다. 꼬장꼬장해 보이는 팽나무가 펑퍼짐한 왕버들을 껴안고 있는 모습이 정겹기 그지없다. 둘이 하나로 살면서 결코 수월치만은 않았을 두 나무. 이 나무 아래서 부부가 함께 소원을 빌면 금슬이 좋아진다고 한다. 툭 하면 부부의 언약을 버리고 가정을 팽개치는 경우도 많은데 이 마을엔 이때껏 이혼한 부부가 한 사람도 없었다니. 아무래도 부부나무가 말없이 주는 교훈이 바로 살아 숨쉬는 경전이었던 게지.

부부나무 바로 옆에 있는 정해井海라는 새암은 바다와 같이 물이 넉넉한 샘이다. 이 우물은 샘물이 한없이 솟아나 수백 년 동안 마을의 생명수가 되었다고 한다. 바로 이 마을의 이름이기도 하다. 지금은 샘가에 설치한 우물 정자井 안에 고요히 들어앉은 샘물. 푸른 하늘이 들어와 하얀 구름과 노닐고 있다. 부부나무의 가지들도 담을 넘어와 잔잔한 초록웃음으로 샘물 속에서 여울인 듯 함께 어울린다. 실바람 속삭임에 샘물이 다소곳이 되작인다. 아무리 가물어도 마른 적이 없었다는 샘바다. 부부나무는 달이 뜨는 밤이면 달빛으로 몸을 씻고, 별 돋는 밤이면 별빛으로 마음을 닦으며 풋풋한 사랑을 가꾸었으리.

백제시대에는 정촌현井村縣으로 불렸던 정읍井邑이라는 지명도 정해마을 큰 샘에서 비롯되었다고 한다. 더욱 놀라운 것은 이 마을이 바로, 현재까지 존재하는 유일한 백제가요 〈정읍사〉의 발원지라는 것이다. 이 샘이 정읍사 설화 속 도림과 월아

낭자의 사랑이 이루어진 곳이라니. 이 새암가 버드나무 아래서 단소를 불면서 사랑을 이루고, 행상을 나가고, 고갯마루에서 낭군님을 기다리다 기다리다가 망부석이 되었다니. 그리고 그 귀한 〈정읍사〉를 탄생시켰다니.

아침을 여는 소리

한밤중보다 더욱 짙은 새벽어둠이 산자락을 덮고 있다. 두어 군데 외등의 희미한 불빛으로 방향을 더듬으며 절 마당을 가만가만 걸으면서 새벽예불이 시작되기를 기다린다. 기다림은 기대하는 것. 기대를 안고 온밤을 달려 운문사에 왔다. 장엄하다는 새벽예불을 보고 듣기 위하여.

희뿌연 하늘빛은 산 능선을 따라 멈추어 섰는데 법당 어간에서 고요를 흔들며 자그맣게 목탁 소리가 울리기 시작한다. 보일 듯 말 듯한 승복 자락을 따라 맑은 소리가 은은하게 도량을 토닥거린다.

자시에는 하늘이 열리고 축시에는 땅이 눈뜨며 인시에는 사람이 깨어난다는데 바로 그 인시에 도량석을 시작한다. 어둠을 밟고 도는 도량석은 도량을 청정하게 하며 도량 안의 사람들을 잠에서 깨우고 미물들에게는 사람의 발걸음을 주의하라는 경고를 베푸는 거란다.

어렸을 적, 새벽 단잠에 푹 빠졌으면서도 꿈결처럼 들리는 부엌의 소리는 감미로웠다. 눈이 오는 날의 소리는 더욱 아름다웠다. 가솔들의 앞길을 틔워주듯 눈을 쓰는 아버지의 싸리비 소리가 멈추면 샘으로 향하는 발소리가 콩콩 들렸다. 언 두레박줄이 팅팅거리는 소리. 좌르륵 물 쏟아지는 소리. 아버지의 발소리가 뒤란을 가로질러 우리들이 잠든 큰방 뒷문을 스쳐 지나가면 무어라 엄마의 말소리와 함께 삐그덕 정지 뒷문이 열렸다. 가마솥에 물 붓는 소리, 당그륵 당그륵 재를 긁어내는 당그래 소리, 풋풋푸 나무가 타며 불꽃 튀는 소리, 쓱싹쓱싹 쌀 닦는 소리와 함께 아버지와 어머니의 도란거리는 소리가 조곤조곤 들리곤 하였다.

아버지의 발걸음은 언제나 쿵쿵, 어머니의 발소리는 총총총, 설 깬 잠으로도 잘 알아맞힐 수 있었다. 이불 속에 누워 눈을 감고도 아궁이 앞에 나란히 앉아, 부지깽이로 불땀을 올리는 아버지, 어머니의 모습을 눈앞에 만화를 그리듯 장장이 그렸었다. 그 소리는 고이 잠자는 자식들을 아침으로 이끌어주던 아름다운 소리였음을 이제야 알겠다. 어쩜 이곳의 새벽 예불보다 더욱 간절한 기원이 담긴 기도 소리였음을 깨닫기 때문인가. 도량석을 도는 스님의 옷자락에 부모님의 모습이 아른거리며 왠지 마음이 유년처럼 청순해진다.

새벽을 깨우는 도량석에 법당마다, 요사채마다 불이 켜진다. 대낮같이 밝은 밤에 길들여진 탓인지 절집의 불빛들이 안개에 묻힌 것마냥 흐릿하다. 마치 호롱불처럼 여린 불빛이 그윽하고 고요하다. 참 편안하다.

  첫새벽의 차분한 공기와 절집의 정연한 풍경이 흔들리기 시작한다. 대웅보전에서 종송이 시작되고, 범종루에서는 법고 소리를 울리고, 요사채를 나와 법당으로 향하는 비구니들이 하나 둘 줄을 잇고, 절이 여기저기서 조용조용히 깨어나고 있다. 우리의 일상에서 새 아침을 맞는 기쁨, 새 날을 여는 서두름이 이곳에도 있구나. 여승이 커다란 북을 두 손으로 더듬고 휘저으며 고저장단高低長短을 구사한다. 북채가 뛰어놀자 넓은 소맷자락이 훨훨 날며 춤을 춘다. 밝음을 여는 북소리에 오히려 새벽이 잠시 숨을 멈추는 듯하다. 괴괴한 절간에 북소리가 고요하게 퍼진다. 안개 속으로 빨려 들어가는 듯 주변이 북소리에 감싸인다. 뒤에서 기다리던 스님이 다가서자 북을 치던 여승은 살짝 북을 떠나는데 북채를 갖다 대는 사람이나 거두는 사람이나 마치 한 손인 듯 태도가 가지런하다. 법고를 칠 때 마음 심心 자를 그리며 두드린다 하더니 법고를 치는 스님들의 마음이 하나인가 보다.

  세상엔 하나되어 살고자 하는 것이 많다. 그것들이 하나가 되어 아름답다. 세계적 종교분쟁의 현실에서, 분단국가에 살면서, 정치인들의 투쟁을 보면서, 고부간의 갈등 속에서, 갈라진 마음을 가지고 얼마나 갈구하는가. 하나가 되기를. 합일의 기쁨을. 이 새벽, 하나되어야 할 것들을 위하여 기원한다.

턱 턱 턱. 스님이 목어의 빈 뱃속을 두드린다. 목어를 치는 까닭은 수행자나 세상만물에게 밤에도 눈을 뜨고 자는 물고기처럼 항상 깨어 부지런히 정진하라는 뜻이란다. 어찌 수행자들에게만 하는 소리로 듣겠는가. 그릇된 짓만 일삼다 죽은 한 스님이 물고기의 과보로 태어나 고통 받던 이야기를 어찌 귓전으로 흘려듣고 말겠는가. 삶이 방일하지 않기를 다짐하면서 나도 내 가슴을 텅텅 두드려 본다. 동이 트는 청량한 이 시간, 마음속엣것 다 비우고 텅 빈 가슴에 깨우침을 들여야지.

채앵채앵. 운판이 쇠 울음을 울고, 먼먼 곳까지 퍼져 스며들 것 같은 범종 소리가 멀리 울린다. 세상의 황량한 빈 곳을 채우려는가. 이어지는 종소리의 여운은 길고도 길다.

대웅보전을 향하는 비구니들이 줄을 잇는다. 많은 사람들이 밀려와 행렬을 이루건만 소리는 하나로 어우러진다. 들릴락말락 가사 스치는 소리, 사락사락 가벼운 걸음소리. 승복 차림의 여승들이 어둠 속에서 보니 모두가 하나인 양 똑같아 보인다.

염불 소리를 한 토막도 알아듣지 못하고 불가의 의식을 전혀 모르는데도 새벽 예불이 왠지 설지 않다. 첫새벽에 일어나 조왕에 정화수 한 대접 올리고 두 손 모아 빌던 어머니의 모습처럼 친근하다. 독음으로 선창을 하면 법당 안의 모든 사람이 후창을 하는 염불은 정연한 가락이었다. 일어서면 높아지고 엎드리면 낮고 깊어지는 음률이 숭엄하기까지 하다. 여러 사람의 동작이나 소리가 한 몸처럼 이루어진다. 몸을 낮추어 절하고 지극히 겸손하게 어우러지는 모습이 곱기도 하다. 조용하면서 크게, 낮으면서 강하게 읊는 염불 가락이 소리꾼의 아니리처럼 매력이 넘친다. 아재아재바라아재와 나무아미타불을 빼고는 들어본 적이 없는 말들이지만 듣고 있자니 힘든 어깨에 가만히 손을 얹어주는 것처럼 화평하다. 수차례 반복되어 저절로 귀에 담겨오는 '지심귀명례至心歸命禮'라는 소리를 따라 읊조려본다. 마치 옹달샘에 떨어지는 물방울 소리처럼 맑다.

문 가까이에 자리한 애젊은 비구니가 몸살을 앓는가 보다. 몹시 괴로운 듯 제대로 절도 못하고 자꾸만 아픈 시늉을 하며 가끔 졸기까지 하니 애처롭다. 소녀티도 채 가시지 않은 나이에 수행자의 길이 왜 아니 고달플까. 여느 소녀라면 단잠에 빠져 세상모를 시간에 염불을 하고 108배를 하며 수행의 길을 가다니. 그만한 또래의 자식을 둔 어미로서 애잔한 감정을 떨칠 수가 없다. 더구나 그 비구니의 행동거지를 나이든 스님이 밖에 서서 내내 응시하고 있다. 왜 이리 마음에 걸릴까.

법당 앞엔 나 말고도 구경꾼이 여럿 있는데 이들도 나처럼 차마 법당 안에 들기에 어색한 사람들일까. 구경꾼을 빼고도 크나큰 법당 안이 비좁다. 상주하는 비구니 250여 명에 타지에서 온 사람이 또 얼마인가. 부처님 등 뒤편까지 서서 불심을 모아 합장하고 끈질기게 절을 하는 불자들. 밖에 서 있는 나도 따라 두 손을 모으고 법당 안의 모든 사람들의 기원이 꼭 이루어지기를 간절히 기도 올린다.

새벽 예불의 간접 참여자가 되어 밖에 있던 그 새벽, 나는 다소곳하고 싶었다. 섬돌 위에 가지런가지런 놓인 비구니들의 하얀 고무신을 바라보며 그렇게 정갈하고 싶었다. 그 많은 스님들이 하나처럼 움직이는 모습. 그들의 고무신이 어긋남 없이 반듯하게 놓여 있는 풍경이 눈에 그림처럼 선명하다. 보아도보아도 물리지 않을 것만 같은 생경한 정경이다.

예불을 마친 스님들이 줄줄이 법당을 내려서서 각자의 처소로 향해 간다. 나직하게 들리는 옷자락 스치는 소리. 고무신 소리. 스님들의 단아한 그 모습은 108배의 연속이며 청아한 소리는 수행자의 끊임없는 염불 소리로 귓전에 머문다.

웅장한 새벽 예불을 대하면서 아침의 중요함을 새롭게 깨닫는다. 내게 주어지는 새 날을 더욱 감사하며 경건하게 맞아야겠다는 생각과 소중하게 하루하루를 살아야겠다는 다짐으로 벅차오르는 가슴을 지그시 누른다.

우리 가족들이 듣는 아침 소리는 어떠한가. 그들에게 들려주는 나의 소리가 부모님이 내게 들려준 것만큼 진중하고 상쾌하기를 바란다. 하 많은 세월이 흘렀는데도 감미롭게 들려오는 어렸을 적의 아침 소리가 기도처럼 노래처럼 염불 가락에 맞춰 마음 가득 흐른다.

코밑의 가로

 입은 탯줄이 끊겨지는 순간부터 생명줄이다. 갓난아기는 탯줄로 이어져 공급받던 어머니의 영양분 대신 입으로 젖을 먹어야 하고 밥을 먹어야 살 수 있기 때문이다.
 그런데, 왜, 하필 밥을 먹는 소중한 입으로 말까지 하는 걸까?
 그것은 생명을 위해 먹어야 사는 것처럼 입을 통해 하는 말의 중요함을 일깨워주기 위한 것이 아닐까. 사람이 하루에 구사하는 단어가 남자는 약 25,000 단어, 여자는 약 30,000 단어이며 연간 하는 말을 모은다면 400쪽짜리 책 132권 분량이란다. 사람은 엄청나게 많은 말을 하며 인생을 꾸린다. 글보다도 앞선 언어로 노래하고 생각을 말하고 고백과 청원을 하며 사랑의 대화를 나눌 수 있다. 입이 있으나 말을 하지 못하게 한다면 얼마나 힘들까.

입안에 들어있는 말[言]은 말[斗]로 퍼낸다 해도 줄지 않는다. 말의 힘 또한 놀랄 만치 강하다. 또한 날카로운 칼과 같아 상처를 내기도 하고 때로는 목숨을 앗기도 한다. 웃고 울고 분노하고 슬퍼하며 작은 입으로 쉽게 내뱉는 게 말이지만 말은 이루지 못하는 것이 없다. 천축여행이 하룻길이며 말 한마디로 천 냥 빚도 갚는단다.

말은 생명체다. 만의 얼굴을 갖고서 살아 꿈틀거리고 날개를 달았으며 말[馬]처럼 뛰어 지축을 흔들기도 한다. 그뿐만이 아니다. 말에는 씨앗이 있어 싹을 틔우고 무성하게 자라기도 한다. 잘 가꾸면 어여쁜 꽃을 피우고 실한 열매를 맺지만 반면에 돌보지 않는 말은 가시덤불이거나 해악의 뿌리가 될 수도 있다. 그렇다고 입을 막고 살 수 없으니 말이 입 밖에 나가기 전에 조심, 조심할 일이다. 하지만 그게 쉽다면 어찌 입을 가리켜 재앙의 문이라 했겠는가. 오죽하면 "차라리 밑 빠진 항아리는 막을 수 있을지언정 코밑에 가로놓인 것은 막기 어렵다."라고 하였겠는가.

듣기를 배로 하고 말하기를 반으로 줄여야지, 하는 생각을 늘 하는데도 '코밑의 가로'는 때때로 경망스러워 탈을 자초할 때가 있다. 말을 주절거려 무식이 탄로나고, 말을 서둘러 앞세우다가 도리어 꼴찌가 되는 경우도 있다. 가만히 있으면 중간이라도 간다는 말이 딱 맞는 말이다.

그렇다고 말을 전혀 안 하고 살 수는 없다. 침묵은 금이라고 하지만 지나치게 말이 뜸하면 상대에게 중압감을 주게 된다. 말없이 거드름을 피우는 사람 앞에서는 저절로 뜨악하게 된다. 또 말도 않고 고집을 부리는 찌락소 같은 사람은 보는 이의 애통을 터지게 한다. 그럴 테면 차라리 촐랑대는 편이 나을 수도 있다. 할 말, 못 할 말을 가리지 못하고 나오는 대로 씨부렁대는 사람을 두고 사돈댁에 데려갈까 무섭다고 한다. 말을 본데없이 씀벅씀벅한다면 실수하기 마땅하기에 생긴 말이다.

  실언을 하지 않으려면 생각을 앞세워야 한다. 단시일에 삼사십 미터까지 자라는 대나무는 키에 비해 굵기는 아주 가늘다. 대나무가 길고 가늘지만 단단한 것은 마디가 있기 때문이다. 사람살이에도 마디가 있어야만 휘어지거나 꺾이지 않는다. 말을 할 때도 대나무처럼 마디를 만들면 어떨까. 생각을 마디삼아 옹글린다면 진지한 말이 되고 한마디 한마디가 옹골차지 않을까. 말에 자제력이 실릴 때 듬직한 말이 된다. 내뱉듯 툭 던지는 차가운 말에는 냉기가 서리고 살기마저 돈다. 냉랭하게 말을 함으로써 자신의 기세는 세울지 몰라도 그 말 앞에선 사람은 분노하거나 주눅이 들게 된다. 하고많은 일 중에 말로 원수를 사는 것은 차마 해선 안 될 일이다. 옹골차게 말 한마디 못한다고 등신이란 소리를 들은 적도 있다. 내 실속 다 챙겨 하고 싶은 말 몽땅 지껄인다면 듣는 쪽이 괴로울 것 같아 하고 싶은 말을 꿀컥 삼킬 때가 더러 있다.

일생 동안 아름다운 말만 하며 살고 싶은 것은 사람마다 소망일 것이다. 믿음직한 말, 행동과 일치하는 말, 책임을 질 수 있는 말을 진실과 정성이 깃든 부드러운 말씨로 표현한다면 세상이 좀더 환해질 거라는 생각이다. 그런 긍정적인 말이야 참을 필요 없이 많이 할수록 좋을 것이다.

말은 부메랑처럼 제자리로 되돌아오는 특성을 가지고 있다. 되돌아오는 말에 가슴이 찔리지 않도록 조심해야 한다. 말은 혼자 지껄이는 게 아니라서 조심하려 해도 나도 모르게 하는 수가 있다. 한번 내뱉은 말은 주워 담을 수가 없으니 두고두고 복작거리거나 골칫거리가 되기도 한다. 남의 마음을 아프게 하는 말을 삼가겠다고 곧잘 다짐하지만 때론 툭 던지듯 튀어나가기도 한다. 남에게 좋은 말을 하면 내 마음도 좋아지는 것을.

열두세 살 적, 《명심보감》 '성심편'을 공부할 때였다. 훈장님께서 "코밑에 가로질러 있는 것이 점잖지 못하면 재앙이 따른다." 하시며 코밑의 가로를 조심하라 이르셨다. 학동들은 서로 코밑의 가로를 손가락질하며 킥킥거리다가 훈장님의 호령을 듣고서야 멈추었다. 오래도록 '코밑의 가로'라는 말을 생각만 해도 낄낄거렸으니 그렇게 좋은 글귀를 제대로 배웠을 리 만무하다. 정숙하게 새기기는커녕 장난스럽게 킥킥대고 말았으니.

제우스의 사랑을 받던 에코는 말이 많아 제우스의 기분을 상하게 했다. 헤라의 저주로 말하는 기능을 상실하고 누가 말하면 끝음절만 따라 하는 메아리가 되었다. 말이 지나치거나 말로써 누군가의 기분을 상하게 한다면 충분히 안타까운 메아리가 되어 돌아올 수도 있다.

 오늘 신부님이 강론 중에 이런 말씀을 하셨다. 어떤 사람이 꿈에 단테처럼 천국을 여행하는데 어느 방에 혓바닥만 가득 놓여 있었다. 놀라 하느님께 여쭈니 그것들은 말로는 착한 일을 열심히 하였지만 말을 행동으로 옮기지 않았기 때문이란다. 착한 혀는 천당에, 나쁜 일을 일삼은 몸뚱이는 지옥 불에 떨어져 고통을 받는다고 한다. 오싹 한기가 느껴질 만큼 두려웠다. 말과 행실이 각각일 때가 얼마나 많았던가.

 밑 빠진 항아리보다 막기 어렵다는 '코밑의 가로'를 만져 보며 성찰에 젖는다.

산길 따라 물길 따라

어머니의 품처럼 포근한 안식처가 고향이다.

고향! 고향이라는 말에는 왠지 애틋한 그리움이 담겨 있고 말만 들어도 괜스레 눈물이 핑그르르 도는 애잔함이 숨어 있다. 늘 마음속에서 떠나지 않는 그리운 곳이 고향이다.

누구나 고향을 가슴에 껴안고 살기에 명절이면 교통대란이 일어날 만큼 많은 사람들이 고향을 찾고, 짐승인 여우도 죽을 때가 되면 머리를 고향 쪽으로 향한다고 하지 않는가. 중국인들의 명절 귀성 행렬도 놀랄 만하다. 노무현 전 대통령은 청와대 생활을 마치자마자 고향 봉하마을로 귀향하여 보는 이들이 왠지 모를 편안함을 느꼈다.

나의 고향은 전북 임실 운암이다. 섬진강 최상류로 옥정호를 안고 있다. 다행히 멀지 않은 곳이어서 자주 가는 편인데도 이런저런 구실을 삼아 늘 가고 싶은 곳이다. 어느 때 어떤 모습으로 갈지라도 한결같이 정겨운 모습으로 반겨주는 그곳.

마른장마로 옥정호의 물이 많이 줄었다는 소식을 듣자 궁금하여 길을 나서 칠보 쪽으로 향한다. 강진면 옥정리에서 칠보면 시산리에 위치한 칠보수력발전소까지 이어지는 약 6.2km의 압력수로를 바라보며 구절재를 넘어 정읍 산외면 능교, 황토리를 지나 옥정호를 따라 굽이굽이 돌고 도는 길이 그림처럼 아름답다. 잠깐씩 차에서 내려 숲이 우거진 오솔길을 걷기도 하고, 만화방초 지천에 널린 언덕에 올라 강을 내려다보며, 마을 정자에 앉아 따갑게 내리쬐는 햇볕을 피하기도 하면서 옥정호의 풍광을 구경한다면 감탄을 하지 않고는 못 배긴다. 옥정호를 앞에 두고 한여름 한더위에 조는 듯 옹기종기 앉아있는 마을들.

섬진댐은 임실군 강진면 용수리에 있다. 오늘은 댐도 더위에 지쳤는지 15개의 수문을 한 개도 열지 않은 채 누르스름한 시멘트 색깔의 거대한 몸으로 땡볕을 받고 서 있다. 댐에서 2km 남짓한 곳에 1925년에 건설한 옛 댐이 남아 있다. 언젠가 몹시 가물어 옥정호가 실개천처럼 되었을 때 그 모습을 드러낸 적이 있다. 올 가뭄은 그에 비하면 아무것도 아닌 셈이다. 그렇거나 저렇거나 섬진댐은 1965년에 준공된 후 수력발전은 물론이고 지금까지 금만평야의 젖줄이며 그 일대 상수원으로 최상의 가치를 다하고 있다. 그 빼어난 풍광으로 세사에 시달리는 사람들의 휴식처로도 칭송을 받는다.

강진에서 밤재를 넘어 운암으로 들어선다. 천지사방을 둘러보아도 나무랄 데 없이 좋은 경치. 내 고향 운암은 천혜의 절경이다. 운암雲巖은 하늘 아래 구름과 땅 위의 바위가 어우러진 곳이다. 옛날, 옥정호가 생기기 전부터 골이 깊어선지 구름이나 안개가 많았나 보다. 아니면 선견지명이 있어 땅이름이 앞질러 태어났는지, 구름과 바위를 벗삼아 멋진 풍류를 즐길 줄 아는 조상님들이 많이 계셨는지, 백운白雲리, 운정雲井리, 수암리, 수방리, 금시내, 청운리, 센바우, 독바우, 기암리, 쌍암리와 같은 구름과 바위와 관련된 땅이름들이 쌨다.

운암대교 주변에는 저런 곳에서 살아봤으면 하는 멋진 집들이 많다. 수려한 경관은 물론 청정 고향 맛을 느끼게 하는 민물고기 요리와 옛 추억을 끌어내는 국수와 찐빵, 멋진 레스토랑의 음식까지 먹거리도 풍성하다. 마암리와 운정리 사이 운암대교는 국내 최초의 받침대 없는 교량으로 운암과 순창을 이어준다. 다리와 주변의 소나무가 조화를 이룬 모습은 요샛말로 끝내준다. 막은댐이 부근에 대교가 새로 가설되고 있지만 운암대교의 인기는 여전할 것이다. 운암대교에서 멀지 않은 곳에 시인 김용택이 태어나 살고 있는 장산리가 있고 그가 근무했던 마암초등학교가 가까이 있다.

신록은 푸르고 맑은 하늘에 뭉게구름이 환상처럼 떠 있는데 산과 물과 길이 더없이 아름다운 호숫가를 달리는 기분, 그야말로 "와우! 짱이다."라고 말하는 옆 사람까지 풍경 따라 예쁘다. 거리거리 멈춰서 보고 싶은 경관들이 수두룩한 곳. 길 따라 들어가면 또 다른 얼굴로 반기는 고샅길과 마을들. 물 건너 월명리 쪽까지 가보면 더욱 놀랄 수밖에 없는 풍경들. 남들이 붕어섬이라고 부르는 '나의 섬'이 반긴다. 고향이 준 선물, '나의 섬'은 내가 아는 많은 사람들이 자기의 섬이라고 부른다. "저 섬이 바로 나의 섬이야."라고 하면서 잠시나마 아름다운 섬의 주인이 된다. 금붕어가 헤엄치는 모습을 한 나의 섬이 있어 운암이 한껏 빛난다.

입석리가 보이는 내리막에서 오른쪽 구암산장 쪽으로 내려선다. 숲길을 지나면 저만큼 언덕 위에 망향의 동산이 보인다. 올해 들어 조성한 망향동산. 고향을 물속에 빼앗긴 지 40년이 훌쩍 넘은 지금에야 비로소 운암사람들 가슴에 서리서리 쌓인 망향의 한을 달래보려나. 오른쪽에 펼쳐지는 독재 주변 경치에 마음을 빼앗기고 걷다 보면 나지막한 언덕 망향동산에 망향비가 서 있다. 큰 탑은 생명의 물방울이 똑똑 떨어져 돌그릇에 받쳐지는 걸 상징한 작품으로 옥정호의 의미를 말하며 작은 탑엔 '생명의 물이 되어'라는 글귀가 큰 뜻을 품고 있다.

그 앞에 〈사라진 흔적 가슴에 새기며〉라는 망향 시*비가 있다. 이 고장 수몰민의 후예인 봄향 김춘자(본인)가 지은 시로

---

* 망향 시 〈사라진 흔적 가슴에 새기며〉는 임실군이 전국적으로 공모하고, 수몰민의 후예 김춘자(필명: 김추리)가 응모하여 당선된 시이다.

까마득한 옛날 조상님들의 얼과 혼이 서리고 부모님의 젊은 날과 우리들의 어린 날이 살아 있는 고향 마을이 속수무책으로 물속에 잠겨야 하는 모습을 통해 희로애락 함께하던 이웃들과 뿔뿔이 흩어져야 하는 아픔이 담겨 있는 시다.

"설움은 삼켜도 하염없이 흐르는 눈물을 멈출 수 없었다."는 대목이 그 아픔을 말해 준다. 세월은 가고 그림 같던 고향, 꿈결 같은 추억은 그리움을 담아 잃은 듯 새로이 태어났다고 말한다. 옛날의 운암강을 그러안아 옥정호가 탄생하고 외안날 물안개가 피어올라 선경을 이룬 곳에 상서로운 오색구름이 날아드는 운암의 새 날을 말하고 있다. 고향을 잃은 서러움일랑 희망의 푸른 물에 묻어 두고 실향의 아픔도 망향의 애틋함도 고이 접어가면서 한 세월은 가고 그들의 이야기는 온 산천에 새겨져 유구한 세월을 이어가리라고 얘기한다.

많은 사람들이 자의든 타의든 고향을 떠나와 객지에 터를 잡아 살아가고 있다. 운암 사람들이야말로 뭣 모르고 터전을 물속에 묻은 채 뒤쫓는 물에 도망가다시피 떠나야만 했다. 살던 보금자리는 고스란히 물속에 묻어두고 산자락에 덩그마니 올라앉아 상수원 보호구역에 얽매어 살던 사람들이다. 그뿐인가. 댐 수위를 높여야 하는 바람에 또 한 번 터전을 옮겨야만 했다. 평생에 두 번이나 고향을 잃고 살던 집을 물속에 빼앗겨야만 했던 심중을 겪어보지 않고는 어찌 알랴.

그나마 불현듯 찾아와 속마음 풀어놓을 수 있는 고향 언저리에 망향동산이 있어 다행이라고나 할까. 전국 각지에서 찾아오는 사람들도 만족해하는 우리 고향의 민물고기매운탕으로 저녁식사를 한 다음 팔각정에 올라 호수에 떨어지는 별빛을 주우며 큰 소리로 고향 노래나 불러볼까. 동산을 올라오는 달님과 슬픔으로 범벅된 그날의 이야기나 주저리주저리 나눠볼까.

톡톡, 한반도의 허리

 한밤중에 얼핏 잠에서 깨니 오른쪽 다리가 움직여지지 않는다. 아무리 기를 써도 꿈쩍 않는 다리를 두 손으로 들어 옮기려 해봐도 돌덩이가 되어 도저히 들 수가 없다. 한 발짝 떼기는커녕 발가락 하나 꼼지락할 수조차 없다.
 덜컥 겁이 났다. 마치 기다리고 있기나 한 것처럼 겁에 질린 눈물이 주르륵 흘렀다. 다리가 마비라니. 인생끝장이라는 생각에 휩싸여 눈앞이 깜깜했다. 성한 왼쪽 다리마저 한 짝만으로는 있으나마나, 한쪽이 마비되니 다른 쪽마저 뗄 수 없다는 걸 알고는 더욱 암담했다.
 입원하여 검사를 해보니 전방전위증이라는 생소한 병이었다. 허리뼈 탈골로 힘줄이 눌려 그런 거라고 한다. 게다가 허리뼈가 끊어졌다가 붙은 자국까지 있다고 한다. 언제 그랬을까.

허리가 아프다 말다 한 지가 삼십 년도 더 된 성싶은데. 그때마다 병원이나 한의원을 들락거리며 통증을 다스리곤 했는데. 허리뼈가 끊어진 적이 있었다니. 오래전 허리가 너무 아파 보름 정도 입원한 적도 있었지만 그때도 허리뼈가 끊어져 아픈 줄은 몰랐다. 그런 몸으로 억세게 일을 하고 살아온 세월이 눈앞을 왔다갔다한다. 목이 메었다.

우리 몸에서 중요한 부분이 허리뼈[腰椎]다. 요추는 몸의 기둥 역할을 한다. 그러한 요추의 신경들이 다리 쪽으로 내려가면서 감각과 움직이는 운동기능을 담당한다는데 뼈와 뼈를 연결하는 고리가 앞으로 삐어져 신경을 눌러 생긴 병이라고 한다. 혈맥의 상태가 여의치 않으니 다리에 쥐도 자주 났던 거란다. 의사는 아픈 걸 너무나 잘 참아 병을 키웠다며 질책을 한다.

우리나라 지도를 보면 마치 직립보행을 하는 사람의 모양인 듯 남쪽 바다에 발을 딛고 북쪽 대륙에 머리를 둔 형태다. 그렇게 서 있는 한반도가 삼팔선과 휴전선으로 가로막혀 분단된 채로 살아온 지 수십 년이다. 사람의 몸이라면 허리 부분이 꽁꽁 묶여 모든 기능을 멈춘 채 순환이 되지 않아 고통을 겪는 격이라고 할 수 있다. 남과 북으로 동강난 허리는 극심한 통증에 한날한시도 편할 날이 없이 살았다. 한 민족이 얼떨결에 둘로 나뉘어 몸 붙여 살던 땅이 토막나고 천륜과 인륜이 떨어져 오가지도 못하는 쓰라림을 어이하랴. 깊은 상처를 가운데

두고 온갖 아픔을 겪고 있다. 서로 으르렁대며 수십 년을 살다 보니 가슴엔 씻어낼 수 없는 한이 쌓이고 서로가 서로를 향한 원망과 오해가 크기 마련이다.

부모형제가 오순도순 정을 쏟기는커녕 민족끼리 서로의 가슴을 향해 총부리를 겨눈 채 원수인 양 서로 할퀴니 세계만방에 부끄러운 일이다. 그 극심한 아픔이라니. 하늘에 비행기 소리만 낮게 들려도 움츠러들고 바다는 수시로 공포의 총격전이 벌어지는 나라꼴이 가관이다. 제 나라 제 핏줄끼리 할 일인가. 국토를 산산조각 내겠다고 지뢰를 묻고 땅굴을 파 심장을 노린다. 통탄할 일이다. 슬퍼할 일이다. 하늘도 땅도 바다도 모두 제 손으로 생채기를 내어 진물이 철철 흐르고 있다. 대한민국 국민은 남북을 가릴 것 없이 아픈 허리를 지켜내느라 노심초사 한다. 혈기왕성한 한창때를 토막내어 군대에 가야 하고, 국가는 국방비 지출로 허리가 휜다. 천안함 사건이나 연평해전과 같은 실전을 겪기도 한다.

허리뼈 하나 삐어져 나왔다고 다리가 꿈쩍도 못하는데 허리가 싹둑 잘린 채 70여 년 긴 세월을 용케도 견디었다. 부모형제가 6·25라는 동족끼리의 전쟁으로 남북에 떨어져 살면서 그리움이 얼마나 컸으며 슬픔이 오죽했을까. 게다가 동족끼리 원수로 살게 된 후유증을 겪어야 하는 우리 민족의 후예는 얼마나 비극인가.

3차 남북정상회담을 지켜보는 나날이 기쁨이었다. 지난 봄,

판문점에서 남과 북의 경계선을 넘던 대통령의 한 발짝에 왜 그렇게 가슴이 뭉클하고 울컥 눈물이 쏟아지던지. 혹독하고도 기나긴 겨울을 이겨내고 만난 그 봄에 가을 만남을 약속하더니 드디어 우리의 대통령이 평양으로 날아가 북한의 정상과 만났다. 곳곳에서 우리의 민족, 우리의 형제들이 대통령을 열렬히 환영했다.

북한 주민 15만 명이 모인 능라도 5·1경기장에서 우리 대통령이 제안했다. 우수하고 강인하고 평화를 사랑하는 우리 민족은 함께 살아야 한다고, 5,000년을 함께 산 우리 민족이 70년을 헤어져 살았다고, 지난 70년 적대를 완전히 청산하고 다시 하나가 되기 위한 첫걸음을 내딛자고, 함께 새로운 미래로 나아가자고, 8천만 우리 겨레, 사랑하는 동포 여러분이라고.

한겨레, 한민족이니 통역할 필요도 없이 우리말 그대로 연설하는 그 상황에 감동하지 않을 사람이 있을까. 얼이 통하고 모습이 같으며 언어도 하나인 우리. 그동안 그래도 되는, 그런 사이를, 어둠의 장막으로 가리고, 허리를 차단하고 혈액순환을 못한 채 생살이 썩는 아픔을 견디며 살았다.

두 정상이 민족의 영산 백두산에 올랐을 때 하늘은 맑았다. 천지는 푸르렀다. 변화무쌍한 백두산의 날씨도 그날을 기뻐하는 듯했다. 우리 땅의 역사가 시작된 곳, 배달민족의 뿌리인 백두산이다. 남한의 김정숙 여사는 품에서 한라의 물을 꺼냈다. 한라의 물 절반을 천지에 붓고 절반을 천지의 물로 채웠다. 한라의 물과 백두의 물이 하나가 될 때 북한의 이설주 여사가 옆에서 김정숙 여사의 옷자락을 잡고 하나로 서 있는 풍경이 친자매처럼 살가웠다. 팔짱을 끼고 계단을 내려가는 모습은 모녀와 같이 정겨웠다. 북한의 정상은 천지에 붓을 담가서 천지의 물로 북남 관계의 새로운 역사를 써 나가자고 했다. 무법자로만 보였던 그에게 어느 날부터인가 호감이 가고 그를 향한 밉상스런 마음도 사라지고 있었다. 적으로 보아왔던 그를 언제부터인지 동족의 피를 이어 받은 누이의 마음으로 관심을 갖게 되었다.

휴전선을 따라 고성, 철원, 연천, 백령도, 연평도 등을 답사한 적이 있다. 여러 차례 여행을 겸하기도 하지만 갈 때마다 그곳의 아름다운 풍광에 취했다가도 분단의 흔적이 눈에 보이면 마음은 착잡해져 쓸쓸해지곤 한다. 지뢰라고 쓴 빨간 팻말이 군데군데 서 있고 허수아비도 군복을 입고 있는 거기, 군복 입은 우리네 아들들이 딱하고 땅굴에서 떨어지는 명징한 물방울 소리에도 코끝이 시큰거린다. 호남평야의 지평선을 가까이 두고 사는 내가 철원에서 또 하나의 지평선을 만났을 때 기쁨이 배가 되기도 했다. 지평선 뒤로 보이는 북한 땅 평강고원은 바라볼 때마다 적막강산이었다.

월정리역에 멈춘 채 녹이 다닥다닥한 유골 같은 기차가 있다. "철마는 달리고 싶다"는 문구가 슬프기 짝이 없다. 그곳

표지판에 서울까지 104㎞라고 써있다. 그런데 북한의 평강은 19㎞밖에 안 된다. 세상에나! 걸어서도 충분히 갈 수 있는 거리다. 그뿐이던가. 허리가 잘려 멈출 수밖에 없었던 철마가 계속 달릴 수만 있다면 말로만 듣던 중국, 러시아를 거쳐 로마까지 간다는 그 말이 현실이 될 수도 있다. 그런 날이 오기를 간절히 기도했었다. 온 국민의 마음이 하나였던지 드디어 바람은 이뤄질 조짐이 보인다.

지금 남북 정상회담이 세 번째 열리고 있잖은가. 동기간이 만난 것처럼 손잡고 반가워하지 않는가. 가뿐가뿐 뛰며 오라비를 보필하는 김여정에게 친족 같은 정이 솟지 않는가. 아무도 오가지 못하는 비무장지대를 넘나드는 새들과 자유로이 바람을 타고 오가는 구름을 부러워하던 우리도 이제 북으로 남으로 서로 왕래할 수 있는 날이 올 것만 같다. 해외여행 중에 코리안이라고 하면 으레 South냐 North냐 되묻는 일도 사라질 것이다. 섬 아닌 섬이 되어 뱃길 아니면 하늘길만 열려 있던 우리에게 육로를 따라 국경을 넘어갈 수도 있게 될 것이다.

난 아직 북녘 땅을 밟아본 적이 없다. 장백산은 다섯 번, 천지를 여섯 번 올랐지만 백두산은 하염없이 멀리 바라볼 뿐이었다. 비룡폭포(장백폭포) 아래 대우호텔에서 밤내 잠 못 이루며 폭포 소리를 애달피 들었던 밤, 별은 또 왜 그리 많이도 빛나던지. 천지에서 중국 공안의 눈을 피해 잠시 짧은 쇠사슬을 넘어 북한 땅에 서 본 적은 있다. 몸에 경련이 일고 마음으론 만감이

교차하는 순간이었다. 천지의 물을 두 손으로 움켜 마시고 병에 담아 가슴에 품었으나 그 물마저도 공항 검색대 앞에서 작별을 하고 말았다. 그리고 금강산도 개성도 갈 기회를 놓쳤다. 이제 새로운 세상이 열리면 서둘러 북녘, 우리의 땅에 가려고 한다. 우리의 땅을 밟고 우리 동포의 식당에서 밥을 먹고 형제자매가 지은 집에서 잠을 자며 북녘을 돌아보련다.

오랜 아픔으로 아직 펴지지 않은 한반도의 허리는 한 마디 한 마디 뼈를 맞추고 경락을 뚫어 기를 통하며 뭉친 어혈을 풀어나가기 시작했다. 시도 때도 없이 곪아 터지던 한반도의 허리 병이 드디어 고쳐질 기미가 보이기도 한다. 혈맥을 틔워 붉은 피가 돌게 하고 신경을 낱낱이 이어 감각을 살리고자 한다. 남북의 평화회담과 아울러 슬기로운 남북한 우리 민족의 지혜로 그간의 깊이 파인 상처를 꿰매어 아픔을 치유할 것이다.

나의 어긋난 허리뼈도 어서 온전히 맞추어야지. 신바람 날리며 북녘 땅 여행을 마음 놓고 할 수 있는 날을 꿈꾼다. 삐어져 나온 허리뼈를 다스리자 마비되었던 다리가 풀려 걸을 수 있듯이 한반도는 오랫동안 속수무책이던 허리를 곧추세우고 일어설 것이다. 세계만방을 향해 야젓한 걸음을 내디뎌 달리게 될 것이다.

쌀밥 신세

 코스모스 길을 따라 부안으로 향한다. 승용차보다 높은 버스를 타니 길 옆 풍경이 한눈 가득 들어온다. 요맘때쯤이면 징게맹게 드넓은 들판을 끝도 없이 바라보는 게 큰 즐거움이다. 황금물결로 출렁이는 지평선을 바라보면 내 논이 아니어도 가슴이 부풀어 찰랑거리곤 한다.
 웬일이지? 평야를 가로지르는 도로에서 바라본 풍경이 아무래도 낯설다. 눈부시게 반짝이던 누런 벼논 사이사이 콩밭, 아니 콩 논이 덜 맞춘 큐브처럼 널려있다. 아뿔싸, 벼 대신 콩이었구나. 쌀 소비량이 매년 최저치를 기록하며 쌀값도 큰 폭으로 떨어진다더니. 산비탈 경사진 밭이나, 평야지에선 겨우 논두렁에나 심던 콩을 논에 가득 재배하는구나. 한 뼘 땅이라도 벼를 심어야 직성이 풀리던 것은 이제 옛날이야기던가. 부안에 다 가도록 콩 논은 끝나지 않았다. 농가의 수익 창출을 위해서나 쌀이 남아도는 현실이니 어쩔 수 없는 일이라곤 하겠지만 마음은 왠지 허전하고 쓸쓸하다. 세상에서 가장 귀한 게 쌀이 아니던가.

언제부턴가 쌀밥을 멀리하고 살았다. 쌀밥 한 그릇에 고깃국 한 그릇이면 최고라고 여겼던 게 엊그제인 듯 한데 맛 좋은 쌀밥을 제치고 온갖 잡곡을 섞어 먹으며 건강식이라고 내세운다. 하물며 밥 대신 고구마, 감자로 밥을 대신하기도 하니 옛날 같으면 가난해서 끼니를 잇대는 행색이다.

하얀 쌀밥은 내가 가장 좋아하는 음식이다. 보리밥은 어릴 적 물리게 먹어서 그런지 여느 잡곡밥보다 싫다. 보리밥을 지을 때 김으로 올라오는 냄새조차 싫어한다. 어릴 적엔 생일이나 명절이 좋았던 것도 쌀밥을 먹을 수 있기 때문이었다.

할아버지 제삿날, 예닐곱 살 되었을 때이다. 한밤중에 지내는 제례 시간을 기다리지 못하고 잠이 들었다. 집안 식구들이 다 모여 제사상을 차리느라 웅성웅성하는데 잠에 취해 일어날 수가 없었다. 일어나 제사를 지내자는 소리에 짜증을 내며 돌아누웠다. 철상을 하고 친척들이 둘러앉아 음식을 먹는데도 아까 부린 짜증이 민망하여 차마 일어날 수가 없었다. 그 와중에도 입에 살살 녹는 쌀밥이 어른거려 침이 꼴깍 소리를 내며 삼켜졌다. 그때 고모부가 불끈 안아 억지로 밥상 앞에 앉혀 주셨다. 쌀밥을 먹을 수 있게 도와준 고모부가 생각날 때마다 고마웠다.

  어머니는 확독에 보리쌀을 갈아 밥을 지었다. 삶은 보리쌀 가운데를 주걱으로 젖힌 후, 쌀 한줌을 얹고 다시 보리쌀로 살짝 덮어 박 바가지 궁둥이로 다독거려 불을 지폈다. 그리고는 밥을 풀 때는 그곳을 살짝 뒤적여 할머니 밥을 펐다. 나는 늘 할머니의 반섞이 밥이 부러웠다. 지금 생각해 보면 그때 우리 할머니는 지금 나보다 20여 년이나 젊은 40대 후반이었는데 아버지나 어머니는 물론 대소 간이 철저하게 어른 대우를 해드렸다. 나이 어린 손주들도 할머니는 으레 쌀밥을 드려야 하는 것으로 알고 불평도 하지 않았다. 그땐 쌀밥이 그렇게나 귀한 대접을 받을 때였다. 어쩌다 구정물통에 하얀 밥풀 몇 알만 보여도 집안이 시끌벅적하게 혼이 나곤 했다.

  난 지금도 음식점에서 잘 지은 쌀밥이 나오면 한 그릇을 다 비운다. 하지만 집에서는 여전히 잡곡투성이 밥을 먹는다. 쌀로 만든 떡이나 밀가루로 만든 음식도 멀리한 지 오래다. 그래야 살도 찌지 않고 건강하다고 하니까 마치 그래야 하는 것처럼 인식이 되고 말았다. 쌀밥을 먹으면 절로 건강을 망치기라도 하는 것처럼, 무슨 큰 잘못이라도 한 것마냥 움츠린다.

  알아보니 쌀밥 한 공기는 200g 정도이며, 열량은 300kcal쯤이라고 한다. 쌀의 영양성분은 탄수화물만이 아니다. 단백질, 비타민, 무기질, 식이섬유 등 우리 몸에 필요한 다양한 영양소가 함유되어 있다. 믹스커피 한 잔의 열량이 70~100kcal라고 하니 쌀밥을 폭식하지만 않는다면 그리 염려하지 않아도 될 듯하다.

근래에 들어 우리나라 사람들이 하루에 쌀밥을 두 공기도 못 먹는다고 한다. 옛날에는 밥사발이 지금의 몇 배나 컸다. 일꾼들은 큰 사발에 고봉으로 올린 밥을 다 먹었다. 그때는 밥심으로 산다는 말을 흔히들 하였다. 지금은 빵심이나 커피심으로 산다고 해야 할까. 딸네 집에 가면 주말 아침식사는 빵이다. 커피와 우유, 과일과 치즈를 곁들인 빵이나 여행지 호텔에서 조식이라고 먹어본 바게트나 샌드위치를 아침상이라고 차린다. 어느새 내 입맛에도 길들여져 그런 아침식사가 싫지는 않다. 그런 걸 보면 쌀밥에 국이나 찌개를 먹어야만 하는 우리 식단이 움츠러드는 것 같아 안타깝다. 쌀밥은 우리 조상들이 수천 년을 이어온 주식으로 으뜸이 아닌가.

보릿고개를 겪은 세대가 사라지고 있다. 양식이 귀하던 시절, 할머니는 밥을 푸다 모자라면 밥그릇에 행주를 넣고 그 위에다 밥을 살포시 덮었다고 했다. 식구들이 밥이 적은 것을 눈치챌까봐 상 밑에 밥그릇을 숨기고 먹었다니 서로 양보하다가 모자란 밥이 오히려 남곤 했다는 그 시절이었다. 배가 오죽 고팠으면 등에 뱃가죽이 붙었다는 말이나 치마끈을 동여맨다는 말이 생겼을까. 어머니가 주둥이 좁은 항아리를 정지 부뚜막 한켠에 두고 좀도리쌀을 모으는 것도 보았다.

우리 칠 남매 중에서도 옛날의 쌀밥을 그리워하는 건 나 혼자다. 바로 아래 동생도 보리밥에 대한 기억이 없다고 한다.

동생들이 보리밥 설움을 모르고, 어머니의 낭자머리를 모르는데 오직 나만이 어머니의 낭자머리를 기억하고 쌀밥에 대한 동경을 버리지 못한다. 요즘 세상에 쌀밥이 흔전만전 넘쳐나는 것은 우리의 조상님들이 배곯으며 절약하고 부지런히 살아온 덕이다. 배가 고파도 허리끈 한번 질끈 동여매고 맹물 한바가지 들이켜며 잘살기 위해 노력한 덕이다.

오래전, 우리 고장 김제를 배경으로 한 임영춘의 장편소설 《농노》를 읽으며 하염없이 눈물을 흘린 적 있다. 일제강점기를 살아낸 우리 할아버지, 할머니, 아버지, 어머니들의 배고픈 설움을 그 책을 통해 뼈저리게 느꼈다. 사방팔방이 논으로 지평선을 이루는 우리나라 최고의 곡창지대 김제지방마저도 피해갈 수 없었던 배고픔이었다. 논이 귀한 산중이나 다른 지역은 오죽했으랴. 얼마나 굶주렸으면 논바닥 물을 들이켜고 살아 움직이는 올챙이며 개구리를 잡아 삼켰을까. 책에도 경상도에서까지 수많은 사람들이 김제평야 만경강 제방공사에 돈을 벌러 왔다고 씌어 있다. 등장인물들의 쌀밥에 대한 존망이 절절하다.

지금은 먹을거리가 넘쳐나는 세상이 되었다. 예전엔 너나없이 선망을 하던 쌀밥은 찬밥 신세가 되어버렸다. 고구마, 감자보다도 순위에서 훨씬 뒤지고 있다. 밥을 먹는 것조차 꺼려하니 저절로 옛날의 가난했던 때가 생각난다. 배곯아 죽기도 한 때가 겨우 반세기 남짓 지났는데 이젠 배불러 죽겠다는 세상이다. 그 가운데서도 옛 광영은 간데없고 딱하게 떨쳐나는 게 쌀밥이다. 쌀밥 배부르게 먹으면 나랏님도 부럽잖다는 건 고릿적 이야기가 되었다. 쌀밥이 천대를 받을 만큼 먹고살기 좋은 때를 사는 게 큰 복이려니 하면서도 떨떠름한 생각이 들곤 한다.

 기름진 문전옥답엔 나락 대신 깔끄막진 산밭이나 자갈밭에 심던 콩이 자리를 잡았다. 산업발달이나 식생활의 변화로 농지는 점점 줄어들고 있다. 오늘도 평야지 한가운데에 소를 키우는 우사를 짓는 걸 보았다. 수십억을 들여 하는 공사라고 하는데 규모가 엄청났다. 쌀 대신 소고기를 생산하기 위한 시설이다.

 농토를 자식처럼 귀히 여기던 농부는 이제 고령이 되었고 노동력을 잃어 농사를 포기할 수밖에 없다. 그렇다고 대를 이어 농사지을 젊은이도 없다. 농산물을 전략적으로 이용하는 '식량의 무기화' 시대가 올 거라고 한다. 고성능 무기보다도 훨씬 무서운 무기가 될 쌀을 우리가 푸대접해서는 안 된다. 이건 우리가 쌀을 먹어야 하고 쌀농사를 지어야 하는 이유이며 인류의 재앙을 막을 수 있는 길이다.

 화창하고 청명한 가을날, 황금들녘을 보려고 나선 길. 세월이 흐를수록 달보드레한 쌀밥의 신세가 만만찮을 것 같은 예감에 왠지 씁쓸해진다.

4부

별탑
은하수를 건너는 백조
별똥별
오월의 산길
그가 떠오를 때면
무인도에서 새운 하룻밤
뻐꾸기 소리
타잔이 형님

별탑

건성건성 볼 때는 밤하늘 같은 깜깜한 세상이었다. 어느 날 자세히 들여다본 코스모스에 그 많은 별이 들어있다니, 숨이 멎는 듯했다. 꽃송이 안에는 밤하늘만큼이나 크고 작은 별들이 모여 있다. 꽃술마다 옹기종기 빛나는 별꽃이다.

"어머나, 여기, 별천지였네." 나도 모르게 중얼거렸다. 그렇게 코스모스는 나에게 새로운 세상을 일깨웠다. 그 후론 코스모스를 만나면 자세히 들여다보면서 별을 헤며 노래하는 새로운 기쁨이 생겼다. 꽃잎에 싸인 꽃망울이 벙글기 전부터 딱 별 모양이다. 건빵 봉지에 몇 개 들어 있는 별사탕 같은 앙증스러운 모양새다. 그게 피어나 노랑별꽃이 되고 그 씨방에서 길쭉한 씨앗이 생긴다. 씨앗의 머리에는 또 하나씩 노란 별 모양을 올린 채 별의 기둥이 여물어 드디어 새까만 씨가 된다. 그

까맣고 기다란 씨앗은 밤하늘같이 깜깜한 땅에 묻혀 다시 새로운 코스모스 꽃으로 태어난다. 그 작은 꽃송이 하나에서도 대우주의 섭리와 같은 생성과 소멸이 연속적으로 펼쳐지고 있다.

씨앗 한 알이 새싹을 틔워 동일한 개체의 생명을 탄생시키는 것은 세상을 이어가는 우주의 크나큰 삶의 규율이다. 아직은 은하끼리의 소통이 이뤄지지 않아 모를 일이지만 생명이 지구에만 존재한다고 속단할 수는 없지 않는가. 우주에는 천억 개 정도의 은하가 있을 거라는데.

겨우 일 센티 남짓한 가늘고 까만 씨앗은 코스모스의 한 생과 또 한 생을 잇는 무한한 힘의 터널일까. 가벼이 측량할 수 없는 웜홀일지도 모른다. 생명과 생명이 서로 새롭게 이어지는 것은 어차피 시공간을 딛고 서는 무한한 신비가 아닌가. 알 수 없다는 블랙홀 이전의 과정을 식물 코스모스를 통해 갸웃거려 본다 한들 누가 뭐랄까. 씨앗의 터짐과 초신성의 폭발을 같은 맥락으로 짚어 본다는 것은 나만의 상상놀음일까. 엉뚱한 생각에 보는 이도 없는데 혼자서 민망하다.

꽃들을 유심히 살펴보면 코스모스만 별을 품고 있는 건 아니다. 쑥부쟁이나 버들마편초, 해바라기와 같은 천지에 널린 초화류들도 꽃송이 안에 별을 그득그득 품고 있다. 도라지꽃밭에도 하얀 꽃별과 보라색 꽃별이 찬란하다. 백일홍 안에 깃든 별들은 또 얼마나 또랑또랑한가. 꽃은 왜 별 모양이지? 별은 구형球形이라는 과학적 상식은 일부러 멀리 두고 짐짓 모른

척, 잊은 척한다. 내가 꽃밭에 서 있을 때면 별밭에 서 있는 것 같은 행복한 상상을 한다. 꽃밭의 별들도 말없이 바람에 나부끼며 파안대소한다. 꽃마다 품 가득 별을 안고 별빛처럼 반짝인다. 꽃별인지 별꽃인지. 나도 따라 꽃별이 된다. 별꽃이 된다.

무심코 바라보는 밤하늘도 그렇다. 밤하늘에 그렇게 많은 별들이 있다는 것도 미처 알지 못했다. 별나라에 그 많은 이야기가 있는지도 미처 몰랐다. 나는 언제부터인지 초저녁은 물론 새벽도 상관없이 기회가 있을 때마다 늘 밤하늘의 별을 탐색하곤 한다. 영롱하거나 흐릿함을 가리지 않으며 푸른 별, 붉은 별, 하얀 별을 가늠하지도 않는다. 저녁이면 몇 번씩 옥상을 오르내리며 별을 올려다본다. 그믐께 새벽이면 동녘 하늘을 밝히는 새벽별을 보겠노라 겨울에도 덧문을 닫지 않는다. 남편의 지청구에도 반박할 여지가 없다. 때로는 별이 수십 광년의 시간을 뚫고 나의 창문을 넘어오기도 하는데 그 빛을 가리자고 창문을 닫을 수는 없다.

여행지에서도 언제나 그곳의 별을 관찰하는 것이 큰 기쁨이다. 바라는 대로 이루어진다는 말이 있듯이 별 보기를 갈망하는 나에게 행운이 깃든 적이 여러 번 있었다. 고산지역 들꽃 탐사를 하려고 백두산에 여러 번 갔다. 장백폭포 아래 대우호텔에서 묵을 때였다. 그 여름밤, 호텔 마당의 가로등이 졸음에 들 무렵, 장백폭포가 우레와 같은 소리로 백두산을 들었다 놓

있다 하며 골짜기를 큰소리로 구르고 있었다. 우리는 백두산 어둠이 무서워 집밖으로 나가지는 못하고 겨우 뜨락을 건너 담으로 가려진 좁다란 마당에 내려섰다. 깊디깊은 산속에 달랑 호텔 하나 있어서 불빛이라곤 호텔이 켜놓은 것만 있을 뿐, 천지가 어둠뿐이었다.

시간이 흐를수록 칠흑 같은 그 골짜기의 어둠 사이로 백두산의 별들이 쏟아져 내렸다. 온 하늘의 별들이 다 그곳으로 모였는지 세상에서 가장 풍성한 별 밭이 머리 위로 펼쳐졌다. 우리 일행은 금세 백두산 호랑이가 튀어나올 듯한 그곳에서 치켜든 고개를 담장에 기댄 채 수많은 별에 압도당하고 말았다.

백두산은 그렇게 많은 별을 환하게 맞느라 밤이면 그리도 깜깜했나 보다. 우리는 떡가루처럼 흩뿌려진 별무리를 하나둘 헤아리다가 나중에는 한 움큼 한 움큼씩 가슴에 퍼 담았다. 뜬금없이 분단의 아픈 감정까지 보태져 가슴엔 무거운 눈물이 흘러 폭포 소리와 뒤엉키고 말았다.

미국 데스밸리에서, 몽골 헨티 지방에서, 우리나라 서해의 무인도에서 만난 별들이 오지고 기꺼워 여행 내내 잠을 이루지 못했다. 뉴질랜드에서 본 물먹은 남십자성은 남반구 여행을 마치고 돌아와서도 눈앞에 촉촉이 나타나곤 했다.

별은 변화무쌍하지만 나는 마음을 별에 두고 자주 하늘을 바라본다. 별을 만나는 시간이면 별만큼이나 많은 생각들이 펼쳐진다. 사실 계절 따라, 시간 따라 변하는 별자리를 좇아 하늘바라기 노릇을 하는 것도 쉽지만은 않지만 별은 나의 하늘이고 우주다.

2020년 12월 21일. 이날은 목성과 토성이 하나로 보인다고 하여 일 년 내내 그날을 손꼽아 기다렸다. 그러나 막상 그날 저녁때가 되자, 구름이 하늘을 몽땅 덮어버리고 말았다. 며칠 전부터 두 별이 가까워지는 것을 날마다 관찰하며 사진을 찍었지만, 정작 그날 흐놀던 마음은 풀이 죽어 구름 가득 낀 서남쪽 하늘을 바라보며 한동안 울적했다.

우주를 코스모스라고 처음 부른 사람은 기원전 6세기 그리스의 철학자인 피타고라스라고 한다. 피타고라스는 우주를 화음과 선율의 조화로 인식했고 그래서 우주를 '조화로운 질서'라는 뜻의 '코스모스'를 붙였다고 한다. 또한 신은 이 세상을 아름답게 꾸미려고 코스모스 꽃을 만들었다고 한다. 피타고라스는 신의 뜻과 한가지로 우주를 아름답게 여겼기에 코스모스라고 한 것이 아닐까.

이 세상에 우주만큼 질서정연한 것이 있을까. 상상으로도 가능할 수 없을 만큼 광활한 우주. 수천억 개 은하를 거느린 우주에서 천체는 수억 년의 세월을 지탱하며 살아가고 있다. 우주 어디쯤, 우리은하*의 태양계에서도 작디작은 행성인 파란별 지구, 지구 귀퉁이의 먼지보다도 더 작은 존재일 뿐이다.

---

* 우리은하: 지구와 태양계가 속해 있는 은하.

그렇지만 거대한 우주만큼이나 갖출 건 다 갖춰진 온전한 개체들의 모임체이다. 나는 시시때때로 거대한 하늘을 바라보며 수십 광년을 날아오는 별빛에 빠져 시간의 지평을 헤매곤 한다. 그게 크나큰 은총이며 무한한 행복이어서 감사한다. 오늘도 하늘을 향해 두 손을 모으고 신비로운 우주 만물의 경이로운 섭리에 고개를 숙인다. 이런 날이면 한없이 벅차올라 전율이 인다.

코스모스는 가녀린 몸에 환한 꽃을 피운다. 바람이 불면 온몸으로 살랑살랑 바람을 비켜선다. 때로는 거센 바람에 쓰러지기도 하지만 줄기를 구부린 채로 다시 고개를 들어 꽃을 피운다. 약하지만 강한 식물이다. 여리고 연약한 것일수록 강철처럼 뚝 부러지지 않는다. 바람이 몰아쳐 오면 옆으로 비켜서기도 하고 잠시 기울었다가 다시 일어나는 유연성이 있다. 추위에 약하니 겨울은 야무진 씨앗으로 거뜬히 나고 봄이면 왕성하게 새싹을 틔운다. 그리하여 여름과 가을을 사람들이 환호할 만큼 찬란히 살아낸다.

피타고라스가 우주를 코스모스라고 부르게 된 것도, 우주가 코스모스 꽃처럼 아름답기를 바랐다는 것도 신기하다. 그는 일찍부터 이 거대한 우주가 이렇듯 아름답고 신비로울 줄을 알았을까. 그걸 간절히 바라는 마음이었을까. 우주의 한 모서리 좁디좁은 땅 마당귀에 서 있는 작디작은 나는 이 아름다움에 설레며, 감사하며 오늘을 산다.

망망한 하늘을 우러르며 코스모스를 따라 별꽃을 피운다. 별꽃으로 차곡차곡 별탑을 쌓는다. 누군가 쓸쓸히 어둔 하늘을 바라보거나 깜깜한 하늘을 향해 푸우 한숨을 쏟아낼 때 그에게로 가서 그의 눅눅한 마음이 뽀송해지도록 은은하게 빛나는 웃음꽃 한 바구니 쏟아줄 수 있다면 얼마나 좋으랴.

코스모스 꽃별처럼.

코스모스 별꽃처럼.

은하수를 건너는 백조

"별 나왔어요. 별이 떴어요."

 몽골의 밤을 흔드는 소리에 수런수런 어둠을 더듬거리는 발걸음들. 약속이라도 한 것처럼 플래시 불빛을 옷자락에 감추며 모여선 일행들.

 자정을 훌쩍 넘긴 한밤중이다. 인공적인 빛은 한 점도 없이 오직 별만 빛나는 밤. 하늘을 바라본다. 별이다. 마치 하늘을 꽃밭 삼아 별꽃 씨앗이라도 뿌려 가꾼 양 검은 하늘에 하얀 별꽃이 피었다. 잠자리에 들기 전 산마루를 갸웃대던 초여드레달도 어느덧 서편 하늘을 건너가고 없다. 초저녁 어둠을 실어 나르던 소쩍새 소리도 적막에 묻혔다.

 별을 보기 위해 일부러 몽골에서도 오지를 찾아 긴 시간을 달려왔다. 저녁나절 느닷없이 한바탕 작달비가 쏟아져 '별보기는 틀렸구나.' 하고 포기했는데 한밤중에 꽃처럼 피어난 저 많은 별이라니. 하늘의 배려에 고맙기만 하다. 발전기를 돌려 전기를 쓴다는 이곳 사람들은 밤 열 시가 되자 게르와 주변의 모든 불빛을 거두었다. 이렇게 깜깜한 밤이 당연한 듯 그들은 벌써 잠이 들었는지 기척도 없고 사위는 온통 소리 없는 어둠으로 채워졌다. 낮에는 아무리 쫓아도 기승을 부리던 날벌레들도 잠이 들었는지 얼씬도 하지 않는다. 그새 밤 기온이 쑥 내려간 탓이기도 하다.

한여름 별자리는 우리의 꿈이었다. 동화였다. 아버지는 여름이면 꼴 바작 한쪽에 쑥 다발을 얹어 오셨다. 마르지 않은 쑥대를 다발째 보릿대 위에 얹고 불을 붙이면 매캐한 연기가 온 마당을 휩쓸고 다녔다. 우리는 맵다고 캑캑거리고 호들갑을 떨며 어머니가 애호박을 채쳐 끓여주신 수제비도 먹고 옥수수나 감자를 먹기도 했다.

별을 보고 있으려니 어느새 순하디순한 옛 고향 풍경이 살며시 다가선다. 호롱불을 켜고 저녁을 마치고 나면 우리는 약속이나 한 것처럼 평상에 누워 별을 헤아렸다. 어느 날은 하늘이 새하얗게 보일 만큼 별이 많으나 어느 날은 다문다문 앉은 별들이 차분히 깜빡깜빡 속삭였다. 별이 적은 그런 날이 오히려 별을 찾아보기가 수월했다. 우리가 아는 별은 겨우 은하수와 북두칠성, 그리고 견우와 직녀였다. 견우와 직녀 이야기는 할머니께 수없이 들어 우리 형제들도 다 외울 정도였다.

일 년에 한 번, 칠월칠석이면 만난다는 그 별들의 애틋한 이야기는 어린 마음에도 어찌나 슬펐는지. 칠월칠석날엔 왜 그리 비가 잘 오던지. 비가 오는 칠석날이면 우리도 할머니의 이야기를 따라 찔끔찔끔 울곤 했다. 우린 그 많은 별들 중에도 별똥별에 관심이 제일 많았다. 떨어지는 별똥별을 향해 소원을 빌면 이뤄진다는 말을 철석같이 믿었다. 그런데 별똥별은 너무도 빨랐다. 미리 준비해둔 소원을 재빠르게 말하려고 하는데도 "우리 엄마 안 아프게 해주세요."를 외치기도 전에 사라지고 마는 별똥별이 늘 안타까웠다.

몽골의 밤하늘은 어린 날 고향에서처럼 별이 밝다. 전깃불이 단 한 군데도 없는 칠흑 같은 밤, 비가 씻고 간 하늘에 낮에 지나온 초원의 꽃처럼 많은 별들이 어릴 적에 본 별들과 닮았다. 그곳엔 어렸을 적 보았던 그 은하수가 흐르고 은하수를 따라 백조가 커다란 날개를 활짝 펴 별들의 강을 따라 날고 있다. 머리보다 꼬리가 더욱 밝게 빛나는 커다란 백조 한 마리.

백조의 우아한 모습은 우리 집 옥상에서도 자주 만나는 별자리다. 나는 꼬리 쪽 데네브와 부리 쪽 알비레오, 양 날개 별들이 만들어내는 십자가를 보면서 어릴 적 하늘과 할머니와 부모님과 형제들의 웃음소리로 들썩하던 오붓한 마당을 추억하곤 한다. 고개를 바짝 들고 보면 바로 직녀성이다. 거문고자리의 베가는 시원스레 맑은 눈망울로 마치 하늘의 등대인 양 여름철 별자리를 안내한다. 직녀를 바라보며 두 팔을 양쪽으로 펼치고 오른쪽으로 몸을 살짝 기울면 그곳에 견우가 있다. 밝은 별 알타이르는 약간 어두운 별과 함께 있어 견우성을 찾는 길잡이가 된다.

은하수 물결 위를 날며 하늘을 아름답게 꾸미는 백조자리, 거문고자리, 독수리자리의 별들이 이만큼 빛날 수 있는 것은 몽골 하늘이 아직 맑은 덕이다. 이참에 실컷 봐야지. 이런 멋진 맛에 몽골에 세 번째 왔다. 앞으로도 기회만 된다면 몇 번이고 또 오고 싶은 곳이다.

몽골 땅에서도 전깃불 없는 구석진 이곳이 별 보기 명당이다. 대지는 오로지 별빛으로만 자신의 존재를 말하고 있다. 그러나 여기도 곧 문명이 진군하여 밤을 낮처럼 밝힌다면 별들은 다시 어느 어두운 곳으로 들어가 숨어 살겠지. 전깃불 하나 없는 이 하늘이 언제까지 존재할까.

수백 광년의 간극을 두고 오로지 빛으로 마주하는 수많은 별들. 사랑하는 사람인 양 별을 바라보며 별과 함께하는 시간이 행복하다. 별과의 대화는 무한한 시선으로 주고받는 침묵이다. 하염없이 하늘을 보며 하늘 저편으로 펼쳐지는 먼 우주를 그려보기도 한다. 마치 고향을 생각하는 것처럼 포근한 정이 솟는다. 하기야 칼 세이건에 의하면 우리는 모두 별에서 온 별의 자손이다. 하늘을 향한 나의 마음이야말로 근원을 찾아가는 원초적 끌림일 수도 있다.

북쪽 하늘엔 어릴 적 뒷마당 우물가에서 올려다보던 작은곰

자리의 북극성, 큰곰자리의 북두칠성, 카시오페이아가 각각 제 모습으로 또렷하다. 내 나라 도심에서는 흐릿하여 제대로 볼 수 없었던 별들이다. 서쪽으로 고개를 돌리니 목동자리의 아르크투루스가 우리 집 옥상에서 볼 때보다 몇 배나 더 당당한 모습으로 눈인사를 한다. 몽골에선 더더욱 당당하게 밝은 빛을 내고 있으니 객지에서 만난 고향 벗처럼 반가움이 크다. 오른편 동쪽에는 페가수스자리의 커다란 사각형이 늠름하다. 서남쪽 나뭇가지 사이로 전갈도 담담하게 반짝인다. 이런 밤이 고마워 나도 모르게 가슴에 두 손을 모은다.

페가수스 위쪽에서 유성 하나가 길게 빛을 내며 떨어진다. 아차차, 난 오늘도 미처 소원을 빌지 못한 채 별똥별은 빠르게 사라지고 말았다. 별똥별이 찰나에 자취를 감추는 것은 세상 사람들의 소원이 너무 많기 때문인지도 모른다. 어떻게 그 많은 소원을 다 들어줄 수 있으랴.

그럴지언정 나는 별을 향한 꿈을 버리지 않는다. 끊임없이 반복되는 생성과 소멸로 이어지는 우주의 마당귀에서 보일락 말락 할지라도 나의 존재는 별에게로 이어져 있음이다. 어둠이 짙어야 더욱 밝은 빛이 나는 별은 어둔 밤 맞잡은 두 손처럼 부드럽고 듬직하다. 나는 어디에선가 나를 바라보고 있을 나의 별을 그리며 별밤이면 하늘을 날아오른다. 은하수를 건너는 백조의 날개를 달고서.

별똥별

 토끼와 발맞추며 사는 산골마을 아침나절이 술렁거렸다. 간밤, 하산에 별똥이 떨어졌다는 것이다. 놀거리를 찾아다니다가 어른들 말씀을 귀동냥한 동네 꼬맹이들은 떼를 지어 하산으로 향했다.

 베이비붐 시대인 1950년대 후반쯤, 우리 동네는 그다지 크지 않았지만 집집마다 아이들이 대여섯 명은 보통이고 열두 명이 있는 집도 있었으니 산으로 출동한 내 또래 예닐곱 살 안팎의 꼬마들은 아마 1소대 가까이 되었을 것이다.

 우리 집은 그 무렵 아버지가 뒤늦게 군대에 가셔서 어머니가 땔나무를 해야 했다. 나는 순경 몰래 갈퀴나무를 긁거나 생솔가지를 쳐오던 엄마를 따라 산에 간 적이 몇 번이나 있었다. 쇳덩이 같은 나뭇짐을 머리에 이려면 누가 나뭇단을 치켜

줘야 했는데 그때, 그 조그만 손이 무슨 힘 보탬이 된다고, 어머니는 나를 앞세우고 산으로 가시곤 했다. 나뭇가지를 묶어 경사진 곳에 눕힌 다음 머리를 받치고 하나 둘 셋을 세며 어린 딸과 호흡을 맞춰 나뭇단을 머리에 이었다. 그리곤 뽀득뽀득 소리 나는 눈길을 걸어왔다.

지금 생각하면 남편은 삼 년도 넘게 군대에 가 있는데, 이십 대 중반이나 되었을 새댁이 산에 땔나무를 하러 가는 건 쑥스럽기도 하고 두려움도 컸을 것이다. 나뭇단을 떠들어 줄 손도 필요했을 테지만 젊은 아낙으로서 어린 자식이나마 지킴이로 의지했던 것 같다.

아무튼 나는 그날 어른들이 말하는 "그게 속병에 직빵이래야."라는 별똥의 효능에 대해 들었다. 그 말을 듣자마자 하늘에 사는 하느님께서 우리 엄마의 끌끌거리는 위장병을 고칠 수 있도록 별똥을 떨어뜨려 주신 거라고 믿었다. 그래서 친구들 틈에 끼여 신바람을 날리며 산으로 올라갔다. 그렇잖아도 나락에 맺힌 이슬이 속병에 좋다는 말에 초가을 내내 새벽이면 양푼을 들고, 졸린 눈을 비비면서, 논두렁으로 나가 나락에 맺힌 이슬방울을 털어오곤 했는데 별똥이 위장병 약이라니 얼마나 다행인가. 어린것이 귀를 쫑긋 세우고 어른들 말씀에 귀를 기울였던 것이다.

그 시대는 지금처럼 산에 나무가 빽빽하지 않았다. 거름이나 땔감을 풀이나 나무로 해결하던 때라 민둥산이나 다름없는 산은 잡목은 다 잘리고 벌목을 금했던 솔낭구(소나무)만 담상담상 서 있었다.

　TV는커녕 그림책 한 권 구경도 못 해본 조무래기들이 별똥이 어떻게 생겼는지 알 리가 없었다. 쫀득쫀득할 거라고 귀엣말로만 들었을 뿐 단 한 번도 본 적이 없는 별똥을 찾아 산을 헤맸다. 개똥이나 소똥을 닮았을 거란 생각을 안 한 건 아니었다. 하늘에서 반짝반짝 빛나는 작은 별이 싼 똥이니 당연히 아주 조그맣고 귀여울 거라고 생각했다.

　마침 그 산에는 햇살에 반짝이는 돌이 있었다. 자잘한 그 돌조각들이 별똥일 것 같아 주웠다. 여기저기 많은 것은 하늘에 별이 많기 때문이라고 여겼다. 산에는 이런 저런 똥 같은 것이 몇 가지 더 있었다. 그 가운데 동그랗고 예쁜 것이 군데군데 있어 어린것 눈에 띄었다. 그것도 한 손 가득 주웠다.

　의기양양하게 돌아와 엄마 아프니까 별똥 먹으라며 양손을 내밀자 어머니는 "아이고, 먼 독조각(돌조각)이라냐~. 토깽이(토끼) 똥도 한 주먹이나 줏어(주워) 왔네." 하시며 덥석 받았다. 나중에 들은 얘기지만 어린것이 손이 곱도록 주워온 그것들을 차마 버릴 수 없어 바가지에 담아 몇 년을 두었다고 했다. 반짝이던 그 돌들은 석영이 들어 있어 반짝였던 것이다.

　여름밤 멍석에 누워 밝기도 색깔도 다른 수많은 별들을 보았지만, 유성이 무엇이며 왜 떨어지는지 안 것은 그로부터 먼 훗날이었다. 고사리주먹으로도 가려지는 조그만 별이 해나 달보다 크다는 말은 도저히 이해가 되지 않았다. 별똥을 싸는 밤하늘의 별은 갈수록 신비롭기만 했다. 밤하늘을 바라보며 별님, 달님과 수없이 이야기를 나누고 별과 손이라도 맞잡을 듯 높이 하늘을 나는 비행기를 부러워했다.

어른이 되어서는 딸아이들을 데리고 깜깜한 곳을 찾아가 별을 보여주기도 하고 천문대에 가서 별을 관찰하기도 했다. 옥상에서 별에 관한 책을 들고 플래시를 비추며 책과 하늘을 번갈아 바라보면서 별자리를 헤아려 보는 때도 많았다.

백두산 장백폭포 아래에 있는 대우호텔 뜰에서 마치 별 밭에 별꽃이 핀 것처럼 크고 작은 별들이 촘촘한 밤하늘을 보았다. 별이 하도 많아선지 하늘에선 심심찮게 별똥별이 나타나 짧게 길게 하얀 금을 그으며 사라졌다. 사위는 무섭도록 어둠과 정적에 싸여 있고 장백폭포 물소리는 백두산을 무너뜨릴 듯 사납게 우는데 하늘의 황홀함에 도저히 잠자리에 들 수가 없었다. 그때 헤아릴 수 없이 많은 별과 별똥별을 보았다.

40대쯤 되었을 때였던가? 유성우가 쏟아진다는 날, 친구들을 선동하여 아이들을 둘, 셋씩 데리고 별똥별을 보러 나섰다. 위봉산성 성벽 위에 돗자리를 펴고 엄마들과 아이들이 질펀히 누워 밤하늘을 우러러보았다. 함께 별 노래를 부르다가, 별을 보다가, 주저리주저리 옛이야기를 하다가, 별똥별이 휙 하늘을 날면 손을 모으고 소원을 빌기도 하였다. 예나 지금이나 소원을 말할 틈도 없이 눈 깜짝할 사이에 사라져버리는 별똥별이 그리도 안타까웠다. 시골집 마당 멍석에 누워 별을 보던 어린 날을 그리워했다. 그렇게 간절히 소원을 빌던 별똥별이 우주의 티끌과 먼지가 대기와의 마찰로 타는 불꽃이라니. 몹시 씁쓸하기도 했다.

  그러나 나는 육십 년을 넘게 살았으면서도 지금도 하늘이 어둠을 두르고 별이 총총 빛나는 날이면 여전히 설렌다. 고개를 들고 별이 빛나는 하늘을 바라보며 별똥별이 나타나기를 기다리기도 한다. 새벽이면 창문 밖에 나타나는 별들을 보기 위해 일부러 덧문을 열어둔다. 운수 좋게도 그믐달과 화성과 샛별이 나란히 일직선으로 떠 있는 걸 보게 될 때가 있다. 그런 날이면 두근거리는 가슴으로 사진을 찍고 달과 별의 자리를 그림으로 그려 날짜와 시간을 적어둔다. 조마조마 새벽하늘을 향한 채 생각에 잠기면 어느새 동녘은 갓밝이로 부지런을 떨고 별들은 서서히 빛 속으로 스러진다. 퇴근길에 서녘하늘에서 초승달과 개밥바라기별이 나란히 떠있던 어느 날은 그 모습을 좇느라 집 오는 걸 잊어버린 적도 있다.

  어둠을 빛 삼아 밤을 밝히는 별들은 별을 좋아하는 사람들을 위해 낮 동안 제 안에 빛을 가득 담을 것이다. 별을 좋아하다 보니 별 볼 일도 많다. 무인도에서 밤 내내 한숨도 자지 않고 햇귀가 바르르 떨 때까지 별을 보던 일, 뉴질랜드에서 남십자성을 보고 감사기도를 드리기도 하고, 몽골 초원에서 밤이 새도록 찬이슬을 맞으며 여명이 들 때까지 별을 헤아린 적도 있다. 별이 있어서 밤하늘을 좋아하다 보니 별똥별을 제법 자주 보게 된다.

얼마 전에 진주에 운석이 떨어졌다. 대기를 뚫고 지표면까지 날아와 떨어진 별똥별이다. 네 개나 발견되어 운석 사냥꾼들이 몰려들 정도였으니 시골마을이 떠들썩했다. 가늠조차 하기 어려운 먼 곳에서 날아온 운석의 나이가 45억 9천만 살이나 되며, 금보다 몇 십 배나 비싸다고 한다. 어느 모로 보나 퍽 귀한 몸이시다. 그리 빨리 떨어지면서도 다 타지 않고 지구별까지 올 수 있었다니. 멀고 먼 우주를 건너온 그 돌들이 궁금하였다. 한편 어렸을 적 우리 동네 하산에도 혹 그런 운석이 떨어져 지금 가서 찾아보면 있을 수 있겠다는 생각도 해보았다. 어린 날 꿈속에서 자라던 별똥별의 실체에 대해 알면 알수록 신비로움은 더욱 커지고 있다.

속병에 직방이라던 그 쫀득거린다는 별똥. 그 별똥별을 주우러 갔던 어린 날의 나의 기도는 오로지 우리 엄마가 건강하게 오래오래 사는 것이었다. 책보자기 허리에 두르고 학교에 갈 때마다 '나 학교 다녀올 동안 우리 엄마가 죽으면 어쩌나.' 하는 걱정으로 유년을 보냈다. 그런 나의 바람을 저버리지 않고 지금까지 망구의 세월을 살아주신 우리 어머니. 이제 정말 별똥별처럼 순간에 스러져 버릴지도 모르는 어머니의 세월. 날이 새면 어서 어머니에게 달려가 엊그제 맛보았던 연하고 맛있는 음식을 해드려야겠다. 지난 추석엔 칠남매 모인 자리에서 "야들아, 내가 소원이 하나 생겼다. 아버지랑 나랑 자식들 집을 돌아가면서 하룻밤씩만 자고 싶다."라고 하셨다. 어서 오시라고 날을 잡아야겠다.

  도심의 뿌연 하늘에서는 볼 수 없는 별똥별 대신 마음에 살아 있는 어린 날의 별똥별을 향해 아직도 간절한 마음으로 소원을 빈다. 우리 부모님 건강하게 오래 살다 가실 수 있게 해달라고. 어릴 적 착한 어린아이 때처럼.

오월의 산길

 오월의 신록이 성큼 품안으로 들어와 안겼다. 문득 그 청신한 오월이 서둘러 떠나 가버릴 것만 같은 조바심이 일었다. 눈앞에 어른거리는 초록빛에 홀려 길을 나선다.
 어디로 갈까? 실크가 곱다 한들 내 것이 아니면 무명만 못하고, 숲이 아무리 아름답다 한들 멀리 있다면 쉬이 갈 수 있으랴. 오늘은 늘 명령을 받들며 살아온 나의 발에게 맡겨 보자. 천관녀의 집으로 향하는 김유신의 말[馬]처럼 나의 발도 익숙한 어느 곳이 있을 것이다. 두 발이 이끄는 대로 따라나선다.
 언제, 어느 때, 대문에 들어서도 두 손 들어 반겨주는 부모님의 집처럼 편안하고 이웃집같이 허물없는 곳. 오월이 골짜기마다 다복다복 펼쳐지는 모악산으로 가자고 두 발이 앞장선다. 산자락을 굽이굽이 도는 버스 안에서 오월의 빛깔을 바라보는 마음이 푸르고 한가롭다. 깔끔하게 단장된 자연의 오월은 싱그럽다. 봄 풍경에 푹 빠져 한눈파는 사이 모악산은 넉넉한 품새로 나를 맞아준다.

양귀자의 소설 《숨은 꽃》의 주인공이 느지막이 잠에서 깨어나 바라보던 그곳. 창 밖에 벚꽃이 구름처럼 뭉게뭉게 피었더라는 그 삼거리 옆길로 산을 오른다. 한낮을 방금 넘긴 참이라 그런지 주말이면 산을 찾는 사람들로 장사진을 이루던 곳인데 오늘은 어쩌다 한두 사람이 오갈 뿐이다. 너무 호젓하여 살짝 두려운 마음이 앞선다. 그러나 모악산母岳山, 어머니의 품인데 혼자면 어떠랴.

새들이 벌써 알고 마중이라도 나온 것처럼 고운 소리로 반겨주는데 어디선가 꽃향기가 다가와 자꾸만 걸음을 붙잡는다. 연초록 새 이파리들이 숨을 길게 들이쉬라며 손을 흔든다. 숲에 길이 묻히는가 싶으면 금세 사람이 감춰지고 길이 이어진 듯하다가 휘돌아 사라진다. 이팝꽃은 시들고 아까시는 남은 향내를 뽑아내는데 소나무, 때죽나무, 국수나무, 박달나무가 한창 꽃을 피우고 있다. 씀바귀를 비롯한 풀꽃들도 노랗게, 하얗게 모습을 드러내며 방실거린다. 온산의 신록들이 봄볕 아래서 다 함께 잔치를 벌이고 있다.

꼭 내 키만큼의 길을 터주는 숲길을 유유자적 걷는다. 세속의 소리는 숲에 가려 멀어지고 파아란 하늘만 빼꼼하다. 나를 세상과 이어주는 유일한 이 길 위에서 잠시 멈춰 본다. 참 편안한 휴식이다. 가끔은 이렇게 멈춰 서서 한유를 누리며 무아경에 들어보는 일. 살 만한 일이잖은가. 길이 나뉘는 곳에는 이정표가 서 있다. 인생길도 이렇게 안내를 받을 수 있으면 얼마나 좋을까? 인생길에 어려움이 없을 수 없듯이 산에서 길을 헤맬 수도 있다. 그러나 산길에 갈래가 나뉜다 해도 겁낼 건 없다. 산속 어디에서건 길은 반드시 다시 만나기 때문이다. 이렇듯 신뢰할 수 있는 사람을 갖는다면 세상을 두려워하지 않아도 될 것이다.

산중턱쯤에 제법 커다란 돌무더기가 있다. 처음으로 본 돌무더기지만 예사롭지 않다. 구형왕릉을 본뜨기라도 한 걸까. 누구의 무덤일까? 누구의 기원일까? 끝없이 이어지는 생각들이 산길을 타고 오랫동안 함께 걷는다. 능선에 이르러 숨결도 다스릴 겸 잠시 오던 길을 돌아보니 저 멀리 펼쳐진 들녘과 산 너머 산들이 겹겹으로 아득하다.

삶의 길도 가끔은 뒤돌아봐야 하는 것. 해찰 한번 할 짬도 없이 바쁘게 살아왔다. 이순의 나이쯤이면 자신을 아끼며 살아야겠지. 가화만사성家和萬事成이란 집안이 화목해야 모든 일이 잘 된다는 것. 이제는 나를 잘 돌보는 일이 바로 가족을 화목하게 하는 길이란 생각으로 마음을 가다듬는다.

가끔 사는 게 버거울 때면 '오르막이 있으면 반드시 내리막이 있지.'라고 자위했다. 한참 동안 숨차게 오르던 산길이 이제 훨훨 내리막이다. 조릿대 숲이 길을 터주기라도 하듯 어깨에 스치운다. 비장골에 들어서니 가문 날임에도 물소리가 풍성하다. 푹신한 흙 대신 계곡의 울퉁불퉁한 돌멩이를 밟으니 발바닥의 감촉이 강하다. 그새 흙의 부드러움에 취했던 느낌이 짜릿해진다.

물소리가 귀에 익어 덤덤해질 무렵 딱따구리가 따르르르르 귀를 울린다. 오늘 두어 시간 남짓한 산행 동안 참 여러 가지 새소리를 들었다. 꿩, 멧비둘기, 꾀꼬리, 머슴새, 울새, 산까치 등 고운 새소리들. 숲길 따라 울려 퍼지는 아름다운 생음악이다. 검은등뻐꾸기가 "하하하호 하하하호~." 큰소리로 초여름을 노래한다. 검은등뻐꾸기가 울면 모내기를 한다지. 문득 김성호 교수의 《큰오색딱따구리의 육아일기》를 읽으면서 느꼈던 감동이 떠오른다. 우리 아버지와 딸들의 아버지인 남편과 세상의 아버지들을 생각한다. 남자는 남편도 아들도 아닌 아버지여서 위대하다. 김성호 교수는 한 마리의 새를 통해 부성父性을 깊이 깨닫게 했다.

불빛처럼 시야를 밝히며 새하얗게 피어난 찔레꽃. 찔레꽃 향기가 온 산을 채울 듯하다. 발길에 밟히는 폭신한 솔잎, 울창한 숲, 키가 훤칠한 연리목, 언덕에 우거진 마삭줄, 나무를 타고 오르는 백화등의 향기, 새소리, 물소리까지 산길에서 만난 것들을 마음 가득 담았다.

오월의 향기가 메아리 되어 나의 노래를 따라온다.

그가 떠오를 때면

 손수건 한 장의 무게를 감당하지 못해 어깨가 처지고 손에 낀 장갑마저 거추장스러워져 걸음이 기우뚱거리면 그는 말없이 손수건을 옮겨가고 장갑을 벗겨 들어주었다. 한여름이 지나고 그늘엔 제법 남실바람이 불기도 하건만 내 얼굴은 땀범벅이 되고 숨이 턱까지 차올랐다. 헉헉거릴 힘조차 없이 기가 쏙 빠져 흐물흐물거렸다. 그는 그런 나를 이끌고 한 걸음 한 걸음 산길을 오르곤 했다. 걸음마를 시작한 아기를 돌보듯 서둘지 않았다.

 그는 일주일에 두세 번, 서너 달 가까이 모악산母嶽山 오르는 연습을 시켰다. 처음엔 겨우 산언저리를 맴돌다가, 다음엔 계곡까지, 며칠 지나선 대원사까지, 그 다음엔 정상 가까이 있는 수왕사까지. 시나브로 거리를 늘려 드디어 793m 정상까지 올라갈 수 있게 되었다. 어렵사리 그만큼의 등산을 성공하자 그는 비로소 이소離巢할 때 어미 새가 새끼의 날갯짓을 유도하듯 자기의 속도를 조금씩 내기 시작하며 앞서 걸었다. 나는 아기 새처럼 그를 따라 차츰차츰 산길을 오르내리는 법을 익혔다. 그는 수년째 등산을 하고 있었으며 수영이나 스케이트와 같은 운동을 일상으로 여기는 친구였다.

그는 내가 헐떡거릴 때면 늘 고른 숨결로 나를 도왔다. 빈 몸도 무거워하는 나를 위해 배낭에 물, 커피, 초콜릿, 과일을 가져와 때와 장소를 가려 기운을 차리도록 먹게 했다. 자기는 한달음에 오를 수 있는 길을 내 속도에 맞춰 느린 걸음을 걸었다.

그와 나는 애인이냐는 소리를 들을 만큼 잘 지냈다. 함께 백두산 아래 대우호텔에서 밤 내내 울부짖는 장백폭포의 통곡을 들으며 분단국가의 한을 쓸쓸히 나누며 동북공정을 얘기하고 그나마 좋은 시대를 만나 평탄한 삶을 살 수 있음에 감사했다. 백두산은 능선을 곧추세우고 하늘에는 별을 쏟아 부은 듯 반짝거렸다. 주변은 호랑이라도 튀어나올 듯 깜깜한데 우리는 호텔 마당에 서서 그 많은 별빛을 고개가 뼈근하도록 오래오래 바라보았다. 새벽녘에는 창문 너머로 바짝 다가선 국자별의 말똥말똥한 눈망울을 한 방에서 함께 바라보았다. 우렁찬 폭포소리가 피워 올리는지 짙은 안개 속에서 다른 별들은 다 스러지고 북두칠성만 남아 있었다. 반짝임도 멎은 채 맑디맑은 눈빛으로 우리를 바라보는 큰곰자리의 그 일곱 개 별을 두고 차마 눈을 감을 수가 없었다. 그와 나는 그렇게 추억 위에 추억을 쌓으며 도타운 정을 누렸다.

세 살짜리 큰아이를 유치원에 보내고 좋은 엄마가 되고 싶어 설레던 무렵, 이웃에 살던 그와 나는 가까워졌다. 그도 같은 유치원에 아이 둘을 보내놓고 올바른 교육을 고심하고 있었다. 그때는 지금처럼 성인교육을 하는 곳이 별로 없었지만 유치원 원장은 자녀교육을 위해서는 부모교육이 앞서야 한다며 부모들 교육에 심혈을 기울였다. 우리는 앞서가는 원장의 교육법에 맞춰 부모 워크숍에 참여하고 자녀와의 소통을 위해《커뮤니케이션 대화법》을 수년 동안 공부했다. 숙제하듯《에밀》을 탐독하고,《탈무드》를 읽고, 함께 대화법을 연습하며 엄마 노릇을 잘하려고 노력했다. 둘째도 유치원에 들어가자 우리는 아이들에게 많은 경험을 쌓게 하자며 아이들을 앞세우고 문화와 역사적 자취를 찾아다녔다. 자연생태를 이해하고 관찰능력을 기르기 위해 자주 들로 산으로 나갔다.

그러던 가운데 그는 나의 체력이 약하다는 걸 알고 모악산 산행을 권유하고 손을 잡아 주었던 것이다. 고마운 마음으로 따라 나섰지만 너무나 힘이 들었다. 한 걸음 한 걸음이 천근만근이었지만 온몸이 흥건하도록 땀을 흘리고 나면 얼마나 가뿐하고 상쾌한지 삶에 푸른 기운이 스미고 새소리가 가까이 들리기 시작했다. 평생을 두고 생각해도 잊을 수 없는 고마움이다.

고마움이 어찌 한둘이랴. 막내를 낳고 퇴원할 때 그는 간난아이를 고이 안고 내 앞장을 섰다. 마치 친자매처럼 산모와 아이를 돌봐주고 염려했다. 딸아이가 유아세례를 받을 때는 기꺼이 대모가 되어 주었고, 우리 아이들을 위해 끊임없이 기도를 해준 그. 이런저런 일들을 떠올리니 가슴이 뭉클하다.

그는 오히려 나에게 고맙다고 한다. 내가 팔짝 뛰면 손을 꼭 잡고 "고마워. 함께해줘서 정말 고마워."라고 말한다. 그는 고전무용을 한다. 몇 해 전 초가을날, 나의 주선으로 〈일월오봉도〉가 펼쳐진 서울 인사동 남쪽 야외무대에서 한량무와 기생춤을 추었다. 그때 의상을 갈아입는 시간을 메우기 위해 난 시낭송을 두 편이나 했다. 그의 독무가 관객들의 우레와 같은 박수를 받을 때 난 내 일인 양 가슴이 두근두근 행복했다. 꼭두새벽부터 그의 옷가방과 갓 상자를 들고 잦은걸음을 쳤지만 힘들지 않았다. 그의 아름다운 모습을 놓칠세라 수십 장의 사진을 찍어 인화를 맡기고 액자를 만들어주는 기쁨까지 누렸.

그렁저렁 우리는 서로에게 고맙고 서로가 애틋하다. 오래전 이맘때, 하늘이 아주 높고 푸르른 날, 그가 유럽여행을 떠났다. 나는 그날 왠지 온갖 생각으로 일손이 잡히지 않아 서성였다. 옥상에 앉아 하늘만 바라보고 있었다. 구름 한 점 없이 맑은 하늘에 비행기가 오가는데 왜 그리 눈물이 쏟아지던지. 서편 하늘을 반짝이며 오가는 비행기를 세다 보니 어느덧 해가 지고 어둠이 깃들었다. 어두운 후에도 빛을 깜빡이며 비행기는 오가고 난 울컥울컥 나를 돌이키며 어둠으로 잦아들었다. 지금도 잊히지 않는 그날의 쓸쓸함이라니.

　우리가 아이들을 위해 정성을 쏟던 가르침이 오히려 스스로를 위한 배움이 된 듯 문화와 역사유적을 좇으며 자연을 벗삼으며 삶을 즐긴다. 얼마 동안 원치 않은 일로 조금은 소원해진 우리의 관계가 가슴을 누른다. 올가을에는 그와 더불어 모악산을 천천히 오르고 싶다. 그나 나나 그때의 젊음을 놓친 지 오래지만 난 그를 믿고 그도 나를 믿을 것이다. 모악산 산행이 어찌 순탄하기만 하던가. 꾸준히 걸어온 인생길이 그가 나를 이끌어준 산행길 같은 연습의 장이었다면 그 길이 숨차지만은 않을 것이다. 더구나 숨을 고를 줄 아는 지혜를 얻었으니 싸목싸목 모악산을 올라야지. 모악의 너른 품을 느끼고 감사하며 그의 손을 가만히 잡으련다. 그를 만나면 늘 가슴에 떠오르던 말, '고마워'를 꼭 전해야지.

무인도에서 새운 하룻밤

 그 섬엔 별이 쏟아진다고 한다. 그 말을 들을 때마다 머릿속엔 상상으로 그려지는 무인도의 그림들이 쌓였고 그곳에 가고 싶어 안달이 났다.
 야호! 드디어 무인도를 향해 떠난다. 수박만 한 별이 뚝뚝 떨어질까, 주먹만 한 별들이 우수수 쏟아질까? 마음이 부풀고 설레어 속으로 민망하다.
 예닐곱 명의 엉덩이로 채워질 만큼 작은 배가 슬쩍슬쩍 물결을 넘을 때마다 뱃머리가 아슬아슬하다. 뱃전에 부딪힌 물살이 튀어 올라 옷을 흠뻑 적신다. 검푸른 바닷물과 나뭇잎처럼 까딱거리는 손바닥만 한 배가 올깃쫄깃 가슴을 조인다. 뱃사공은 우리의 두려움을 아는지 모르는지 묵묵히 배를 몰아 쏜살같이 앞으로, 앞으로만 나간다. 어디쯤일까. 망망대해 한

가운데 비밀의 성 하나 우뚝 솟은 듯 떠있는 바위섬. 낭떠러지 아래 귀퉁이에 우리를 내리게 했다.

　달랑 바위 하나 불쑥 서 있는데 섬이란다. 사람은 물론 나무 한 그루, 풀 한 포기도 없는 마당만 한 섬이다. 섬이 아니고 어쩌다가 바위 한 덩이 물 가운데 놓여 있는 곳이다. 겨우 백여 걸음 걸어 한 바퀴 돌아보니 귀퉁이 골진 곳에 갯강구들이 옹기종기 살고 있다. 뭉툭한 모형 하나 세워 놓은 듯한 바위섬은 멀리선 매실매실했는데 다가서보니 수더분하다.

　나직하고 묵직한 파도 소리를 따라가 보니 주변 바닷물에 검은 물그림자가 드리워 있다. 학꽁치 무리가 검정 물감을 풀어놓은 듯 바닷물 색을 바꿔놓은 것이다. 크기가 작은 학꽁치가 떼를 지어 큰 모양으로 사라지고 몸집이 큰 돌고래 몇 마리가 뒤척이며 지나간다. 일몰이 바다물결을 흔들어준다. 태양이 하루를 접으려고 바다를 발그레하게 물들이는데 그 사그라지듯 은근한 모습을 바라보면서 돌섬에서의 내 마음도 편안해진다.

　우리 일행은 여섯 명이다. 나는 때로 혼자가 되어 아무도 살지 않는 무인도에서 고독해 보고 싶고 실컷 외로워지고 싶었다. 그러나 인간에겐 항상 옆 사람이 필요한가 보다. 개인적 힘이 미비해서 서로를 의지하려는 본능 때문일 것이다. 오늘도 함께 웃으면서 서로 마음을 나눌 수 있는 동행이 있어서 다행이다. 행복이다. 아무리 내가 원하던 곳에 있다 해도 누군가가 곁에 없다면 두려움에 떨어야 할지도 모른다.

　무인도에 밤이 다가왔다. 먼 길을 돌아온 바닷물이 돌섬의 허리를 붙잡고 숨을 몰아쉰다. 돌섬이 바닷물에게 제 몸을 내주며 지친 몸을 부리라고 다독이는 것 같다. 바닷물이 꼬르르 다가왔다가 철썩철썩 주르륵 되돌아가는 소리. 밤 내내 바닷물은 쉼 없이 돌섬을 어루만지고 간다.

　별이 하나 둘 돋아났다. 그동안 채곡채곡 상상 속에 쌓아두던 무인도에 와서 쏟아지는 별을 기다렸다. 구름을 젖히고 나온 크막한 별 하나가 눈맞춤을 하잔다. 금방 눈물을 뚝 그친 아기의 눈동자처럼 맑다. 수억만 년 동안 이 밤의 나를 기다려 준 저 별빛, 바닷속처럼 그윽한 하늘에서 성큼 내려와 안겨줄 것만 같다. 나는 이 밤의 별빛에 도취되어 있다. 무인도의 체온을 더듬으며 보내는 이 시간이 행복하다.

　맑은 하늘에 다문다문 나지막이 떠서 깜빡이는 별들에게 가끔 구름이 장난치듯 다가와 별을 가리곤 한다. 하늘 가운데서 열이레 달이 생그레 웃고 있다. 아무래도 오늘밤엔 별이 쏟아질 것 같지 않다고 귀띔을 해주는 것 같다. 무엇을 원한다고 그대로 척척 이뤄질 수는 없지. 이 밤에 망망대해의 돌섬에서 별들을 봄으로써 반절의 기쁨을 얻은 것. 거기에다 그의 마음을 받아 안았으니 온전한 기쁨이 된 셈이다. 가끔 지치고 힘들 때엔 이 밤의 별빛을 생각해야겠다. 이제는 좋은 일을 만들기보다 좋았던 일을 추억할 줄 알아야 하는 나이니까.

쏟아지듯 많은 별을 볼 수는 없어도 무인도는 나의 밤잠을 몽땅 앗아갔다. 일행은 다 잠들고 나 홀로 섬 아무 곳에나 앉아서 맨몸마냥 반질반질한 바위를 등받이 삼아 하늘과 바다를 보며 무인도의 밤소리를 듣자 하니 잠자는 것쯤이야 시간이 아까울 뿐이다. 내 손을 잡을 듯 가까이 다가선 저 하늘의 구름과 달과 별, 그리고 바다 소리. 쉬임없이 뒤척이며 잠든 바다 모습. 그리고 무인도의 밤이 들려주는 이야기들을 행여 놓칠까 귀 기울여 듣는다.

좋은 것을 보니 두고 온 얼굴들이 떠오른다. 어인 사정으로 오늘 동행하지 못한 벗과 불쑥 생각나는 사람에게 무선전화를 했다. 고립되어 한없이 적막할 줄 알았던 무인도에서, 문명의 이기를 귀에 댄 채 무인도의 상황을 실시간 중계를 하듯 얘기한다. 장대 하나만 있으면 너끈히 달을 딸 수 있겠다는 내 말에 호호호 웃음소리도 밝게 호응하는 그녀가 한자리에 있는 것만 같다. 돌팔매 한 방이면 별도 하나 떨어뜨리겠다고 조용히 너스레를 떠니 그 별을 함께 보는 듯 신명을 낸다. 홀가분하게 떠나왔던 사람들이 금세 그리워진다. 평소 부대끼며 살면서 귀찮았던 얼굴들도 아른댄다. 무인도에서 철저히 외로워보고 싶었던 마음이 간 곳 없다. 무인도에 앉아서도 벌써 북적거리는 세상과 내통하고 있다.

어느새 바위섬에 새벽이 오는가 보다. 하늘 한켠으로부터 어둑새벽이 열리기 시작한다. 달과 별이 아직도 총총한데 바다는 꿈틀꿈틀 기지개를 켜며 잠에서 깨고 있다. 얼마나 지났을까. 갓 밝은 빛이 연연한 하늘에 해와 달과 별이 함께 떠 있다. 그 신비로움에 오히려 기분이 담담해진다. 별빛이 서서히 사그라지고 달이 점점 하얘져간다. 찬란한 태양이 온바다를 향해 웃음을 뿌린다.

뻐꾸기 소리

 초여름 새벽, 우렁찬 뻐꾸기 소리에 퍼뜩 잠이 깼다. 뻐꾸기를 지척에서 보기는 난생처음이다. 베란다 창가에 앉아 있는 뻐꾸기는 생각보다 몸집이 작았지만 소리는 또렷한 단음으로 쩌렁쩌렁했다. 제 모습을 궁금해 하던 나에게 저를 온전히 보여주고, 저의 소리를 즐거워하는 나에게 제 소리의 진수를 들려주려고 왔나 보다.

 뻐꾸기는 봄이 가고 여름이 오는 길목에서 싱그러운 목소리로 노래한다. 해마다 이맘때쯤이면 초여름을 알리기라도 하듯 찾아와서 날마다 아파트 옥상과 근처의 작은 숲을 오가며 노래했다. 나는 듯, 스치는 듯 들려오는 뻐꾹 소리를 좇아 창문으로 살몃 다가가면 먼발치 나뭇가지에 앉아 있다가도 어느새 휘리릭 날아가고 말았다. 바람처럼 쉬이 사라지곤 하던 뻐꾸기가 잠자는 머리맡에 와서 울다니.

삭막한 회색 도심에서의 뻐꾸기 소리. 처음에는 뉘 집에 뻐꾸기시계가 새로 생긴 줄로만 알았다. 어쨌거나 아파트에서 날마다 뻐꾸기의 유쾌한 노랫소리를 듣는다는 건 기쁨이었다. 생기가 팔팔하게 살아나는 즐거움이었다.

마침 그 무렵 '뻐꾸기의 탁란'이라는 TV 프로그램을 본 사람들은 아파트에 뻐꾸기가 출현하자 그리 달가워하지만은 않았다. 나 역시 그 프로그램을 보면서 뻐꾸기의 몹쓸 행동과 개개비의 답답함에 심기가 불편하였다. 생태계의 먹이사슬을 이해할 수 없었던 어릴 때처럼 뻐꾸기의 행위에 갈팡질팡 분노하였다. 제 스스로 새끼를 기르지 못할 양이면 알을 낳지를 말거나, 더부살이로 자랄 신세면 남의 자식을 밀쳐내지나 말 일이지 뻐꾸기 어미의 못된 습성과 새끼 뻐꾸기의 배은망덕을 도저히 용납할 수가 없었다.

뻐꾸기는 스스로 둥지를 틀지도 않고 새끼를 기르지도 않는 부화기생을 하는 새다. 저보다 작은 때까치, 뱁새, 할미새, 종달새, 개개비 등의 둥지에 몰래 알을 낳아 부화를 맡긴다. 남의 어미 품에서 부화한 새끼는 하루 이틀 새에 남의 알과 새끼를 등에 얹어 둥지 밖으로 밀쳐내고 저 혼자 둥지를 독차지한다. 대리모를 채근하여 먹이를 가로채 받아먹는다. 게걸스럽게 먹어댄 가짜 새끼는 대리모의 다섯 배 정도나 큰 몸집으로 자란 후에도 둥지 밖에 나와서까지 먹이를 요구한다.

동물이나 식물이나 어린것은 대개 유순한 것이 이치일 법한데 어미와 함께 새끼도 흉악한 짓을 하는 뻐꾸기. 그렇게 약 40일 남짓, 대리모는 제 새끼의 행방도 까마득히 모른 채 남의 새끼를 기르느라 진이 다 빠진다. 부리는 뭉툭하게 닳고 깃털은 윤기를 잃어 퍼석해진다. 그런 것쯤 아랑곳하지 않고 다 자란 자기 새끼를 "뻐꾹뻐꾹" 불러 데려가는 얌체 어미 뻐꾸기.

뻐꾸기 외에도 벌앞잡이새를 비롯하여 지구상의 새 약 1%가 탁란조라고 한다. 이들의 계략에 속절없이 당하는 새들. 인간세상이나 새의 세상이나 대책 없이 당하는 약한 놈이 있으니 딱하기는 둘 다 매한가지다.

어떤 연구에 의하면 굴뚝새는 탁란조의 음모를 알아차리고 뻐꾸기 알을 골라내기도 하는데 아뿔싸, 이에 뻐꾸기는 한 수 더 뜬다. 이것을 속이려고 알 색깔을 모방하기도 하고 굴뚝새 새끼의 소리를 흉내내기도 한다니. 두견이는 휘파람새와 비슷한 알을 낳고, 매사촌은 쇠유리새 알처럼 푸르스름한 알을 낳는다고 하니 그 교묘한 속임수를 어떻게 피할 수 있을까.

다윈은 자연의 생존경쟁 속에서 우연히 살아남은 게 호모사피엔스라고 하였다. 사는 것 자체가 경쟁이고 또한 살다가 자연스레 도태하는 것이 삶의 법칙일 수도 있다는 말이다. 육식동물이 초식동물을 잡아먹지 않는다면 초식동물의 개체수가 불어나 초원이 사라질 것이다. 그렇다면 뻐꾸기의 탁란 행위도 자연적인 삶의 방식일까. 우리가 겪는 약육강식의 사회적

경쟁 또한 살아가는 방법이 아닌가. 자신의 능력이 닿는 대로 자식의 삶을 온전하게 세워주려는 것도 인간을 비롯하여 동식물이 가질 수 있는 자연적인 본성이라고 여겨진다. 뻐꾸기의 탁란이나 사자가 낭떠러지에서 제 새끼를 굴려 떨어뜨리는 것도 그럴 것이다. 그렇지만 언젠가는 뻐꾸기의 새끼가 대리모의 알들을 밀쳐내지 않아도 되는 블루오션 세계에 살게 되기를 바란다. 둥지 밖으로 내팽개쳐진 새끼들에 대한 연민이 가시지 않는다.

언젠가 딸아이들 앞에서 "요새 세상에 자식을 둔 부모로서 경제력이 있거나 학연이나 인맥이 짱짱하거나 그도 아니면 국가유공자라도 되어 가산점이라도 받게 해야 하는데 자식에게 줄 것이라곤 없으니 이를 어찌한단 말인가." 중얼중얼 탄식을 했다. 오로지 제 능력으로 앞길을 열어나가야만 하는 자식들이 딱해 나도 모르게 나온 소리에 큰딸이 깜짝 놀라며 "부모 은공의 으뜸은 무육지은撫育之恩이지요. 어머니의 자식들은 더 이상을 바라지 않습니다." 했다. 짐짓 웃음도 감추고 부러 깍듯한 존댓말로 위로해 주었지만 고마운 한편 자식을 위해서라면 물불도 가리지 않을 것 같던 생각이 도리어 무안했다. 참다운 부모 역할이 무엇인지 자식의 말을 곰곰 생각하지 않을 수 없었다.

어느 날, 때아니게 거리에 울려 퍼지는 뻐꾸기 소리를 들었다. 소리의 정체를 알기 위해 종종걸음을 쳤지만 놓치기를 여러 번. 마침내 나이트클럽을 홍보하는 네모난 트럭에서 나는 소리라는 걸 알았을 때 황당했다. 더구나 뻐꾸기라는 이름을 클럽 웨이터의 예명으로 쓴다니 씁쓸했다. 나이트클럽에 대한 나의 편협한 소견 탓이기도 했지만 유쾌한 감성으로만 꿈꾸었던 뻐꾸기 소리에 젖어 있던 감정 때문이었을 게다.

하지만 나이를 먹어감에 따라 세상을 바라보는 눈과 마음이 달라지나 보다. 그 뻐꾸기 소리는 처자식의 일상을 걸머진 가장의 외침일 수도 있고 부모의 안위를 돌보는 갸륵한 효성일 수도 있을 거라는 생각을 하게 되었다. 또한 탁란으로 종족보존을 해야 하는 뻐꾸기란 새의 생존 방식도 이해하려 한다. 뻐꾸기 소리에 배어있는 절박함을 깨달은 때문인가. 문득 예전에 읽었던 "뻐꾸기는 울음으로 알을 품는다."라는 글귀가 가슴에 파고든다.

곡우 무렵이면 야생 찻잎을 따러 산에 가곤 한다. 그때쯤엔 또 하나의 새소리에 귀를 세운다. 흔히 홀딱벗고새라고도 불리는 검은등뻐꾸기의 경쾌한 노랫소리. 나도 모르게 절로 따라하게 되는 하하하호~ 하하하호~. 듣는 사람마다 저마다 흉내내는 소리가 다르지만 아름다운 새소리다. 옛 어른들은 검은등뻐꾸기의 소리가 들리면 모내기를 시작하고 이어 뻐꾸기가 "뻐꾹 뻐꾹" 울기 시작하면 서둘러 모내기를 마쳤다고 한다. 새가 계절을 느끼는 것도, 사람이 새소리로 철을 가늠하던 지혜로움도 자연의 이치에 순응하는 삶의 방식이었겠지. 우리 조상들은 그때 탁란의 비밀을 알았을까. 자연스럽고 순수한 옛적의 지혜로움이 그립다.

   내일 아침 뻐꾸기소리와의 만남을 기대하며 모처럼 한가한 시간, 요나단의 뻐꾸기왈츠를 볼륨 높여 들으며 뻐꾸기 날갯짓을 흉내내어 본다.

   그 옛날, 시인 윌리엄 워즈워드의 가슴에 감성의 불을 지폈던 뻐꾸기 소리. 그 소리를 들으며 시인의 심상을 가져와 내 마음인 양 경쾌하게 읊조려 본다.

타잔이 형님

 타잔이는 열 살이고 호수는 일곱 살이다. 타잔이는 호수의 형님이다. 그동안 이들은 어찌됐거나 형과 아우로서 호수가 "타잔이 형님! 타잔이 형님!" 깍듯이 부르며 잘 지내왔다. 그런데 요즘 들어 가끔 변수가 터지곤 한다. 형님이 형 노릇을 제대로 못하기도 하거니와 아우가 갈수록 시건방져지는 것도 문제가 되는 것 같다.
 타잔이가 처음부터 호수의 형님이었던 건 아니다. 하기야 누가 스스로 원해서 형과 아우의 서열이 가려지던가. 늦게 태어나면 동생인 게지. 아니다. 태어난 순서와는 상관없이 형 동생이 되기도 한다. 시가나 처가에서 동서라는 자리는 나이와 상관없이 위아래가 정해진다. 나이차가 많은 부부들은 상당히 곤혹스러운 촌수가 되기도 한다.

결혼 초의 일이다. 동갑인 육촌 오빠가 처음 만난 일곱 살이나 많은 매제한테 시비를 걸었다. 술을 고깝게 따랐대나 어쨌대나 하면서 동생에게 잘해 주지 않으면 가만 두지 않을 테니 그리 알라고 협박을 했다. 남편은 처갓집 촌수는 개촌수라며 문을 박차고 나갔다. 뒤에선 덩칫값도 못 한다고 수군거렸다. 나는 민망하고 속상해서 우느라 밖에서 남편이 빨리 나오라 소리치는 것도 몰랐다.

막내동생인 호수 엄마는 제 남편보다 세 살 위다. 호수 아빠는 쌍둥이인데 오 분 빨리 태어난 형님이 여섯 살 연하와 결혼을 했으니 손윗동서의 나이가 아홉 살 아래인 셈이다. 호수 엄마는 아홉 살 아래 손윗동서에게 깍듯이 형님이라 부른다. 하하.

타잔이와 호수의 촌수는 호수의 누나 혜진이로 말미암았다. 혜진이와 타잔이는 동갑내기다. 우리 가족은 혜진이 사랑에 홀딱 빠져있었다. 그 사랑에 보답이라도 하듯 사흘이 멀다 하고 큰이모 집을 들락거리던 혜진이가 5개월 되던 때, 2개월짜리 타잔이가 '품종: 말티즈, 출생: 1998년 7월 4일, 이름: 다롱이'라는 계보와 함께 우리에게 왔다.

당시 고등학생이던 우리 딸들은 강아지가 생겼다는 것만으로 좋아 어쩔 줄 몰라 했다. 밥 주고, 똥 치우고, 목욕 시키는 것까지 다 저희들이 하겠다고, 강아지 사료라든가 미용비도 저희들 용돈을 쪼개 쓰겠다고 약속했다. 그렇게 맺어진 인연이다. 다롱이 대신 타잔이라고 개명까지 했다.

　타잔이는 명랑하게 커가고 혜진이도 총명하게 쑥쑥 자랐다. 그해 겨울, 뭘 붙잡고 설 만큼 자란 혜진이를 맡기고 혜진이 아빠 엄마가 해외여행을 갔다. 코끼리자동차와 보행기 등 장난감도 함께 가져왔다. 타잔이는 혜진이의 코끼리자동차만 보면 구석을 찾아 웅크리고 떨었다. 보행기에 올라앉은 혜진이를 봐도 기겁을 했다. 사람이 두려우면 비명을 지르듯 강아지도 무서우면 마구 짖었다. 그러나 작은 장난감은 둘이 서로 관심의 대상이었다. 익숙한 자기 것보다 서로 남의 것을 탐내며 빼앗고 빼앗기면서 놀았다.

　잘 때는 혜진이와 타잔이를 내 양쪽에 뉘었다. 혜진이에게 우리 아이들이 썼던 좁쌀베개를 베어주었다. 그런데 수잠을 자다 몇 번을 깨어 봐도 혜진이에게 베어준 좁쌀베개를 타잔이가 가져다 턱밑에 베고 있는 것이었다. 보고도 믿기지 않는 기가 막힌 광경이었다.

　제 아빠 엄마가 여행에서 돌아오는 날, 채 1년도 안 된 혜진이가 그 날을 아는지 아침부터 방문만 닫으면 보챘다. 별수 없이 한겨울에 방문을 빠끔히 열어놓자 양손으로 붙잡고 서있었다. 타잔이도 앞발을 문에 버티고 함께 서 있었다. 폭설로 오밤중에야 제 엄마 아빠가 돌아올 때까지 둘은 그렇게 서서 기다렸다.

　혜진이가 오면 타잔이가 젤 먼저 쫓아나가 반기고 갈 때면 못 가게 붙잡으면서 둘은 잘도 컸다. 그들이 세 살이 되던 해, 호수가 태어났다. 즐거움의 꽃 한 송이가 더 생겨 외갓집에나 물놀이를 갈 때도 함께 어울려 재미야 꿈이야 하고 자라는데 급기야 문제가 생겼다. 호수가 부쩍부쩍 자라 말을 배우더니 타잔이만 보면 "타차나, 타차나" 하고 불렀다. 어느 땐 머리를 쥐어박기도 하고 꼬리를 슬쩍 잡아당기기도 했다. 그럴 때면 타잔이는 짜증을 부리고 호수 종아리를 물어 멍이 들게도 했다. 어른들이야 그저 그런가보다 했는데 하루는 혜진이가 호수를 타일렀다.

"호수야, 타잔이는 누나랑 친구지?"

"응!"

"누나랑 똑같이 일곱 살이지?"

"응!"

"호수야, 그럼 타잔이도 호수의 형이야. 누나 친구니까. 그래 안 그래?"

"그래."

"이제부턴 '타잔아' 하지 말고 '타잔이 형님' 하고 불러?"

영특한 누나의 말에 호수는 알았다는 듯 고개를 끄덕이고 내내 그렇게 불렀다. 그런데 문제는 그치지 않았다. 혜진이나 호수는 엄마를 닮아서 그런지 쭉쭉 크는데 타잔이는 갈수록 호수의 무릎 아래로 내려갔다. 게다가 이들이 올 때마다 간식거리를 꺼내 주는 바람에 먹성 좋은 타잔은 먹이 앞에 번번이 무릎을 꿇고 꼬리를 내렸다. 그러니 호수도 체면이 있지. 그런 녀석에게 형님이라 하고 싶겠는가. 툭 하면 먹이를 갖고 약 올리고 몰래 발길질도 한다. 그러다가 형님에게 된통 혼쭐이 나기도 한다.

  초등 3학년이 되어 알 만한 건 다 아는 혜진이는 애가 탔다. 호수에게 인간과 개의 수명에 대해 알려주고 타잔이의 나이가 사람이라면 오십 살도 더 된다고 이해시키기에 급급했다. 타잔이는 정말 친구 하나 잘 두었다. 호수는 타잔이를 언제까지 형님이라 하려나?

5부

섬진강의 탯자리
만경강의 시원
물뿌랭이 마을
귀래정歸來亭
한바탕 푸지게 놀아보세
변함없는 변화
꽃샘잎샘바람
새의 날개를 달다

섬진강의 탯자리

 봄내 계속되던 가뭄이 농사철이 다가왔는데도 풀리지 않았다. 계곡은 바짝 말라 돌멩이가 울퉁불퉁 드러나고, 강물은 간 데 없이 강바닥이 쩍쩍 갈라져 마른 숨을 몰아쉬고 있다. 바람이 흔들릴 때마다 먼지가 풀썩인다. 물이 밭아 드러난 맨땅에 웬 풀들이 모판에 나락 싹 트듯 촘촘히 나서 점점 강바닥을 덮어버렸다.
 그 많은 풀씨들이 어떻게 물밑에 살아 있다가 물 빠지자 때맞춰 잽싸게 싹을 틔우는 걸까. 연자蓮子가 3,000년을 넘게 씨앗으로 있다가 싹을 틔운 일도, 가시연 씨앗이 수십 년이 지나도 수온이 맞지 않으면 싹이 나지 않는 것도, 다 맞는 말이다. 비 한바탕 쏟아지면 물자리를 파랗게 덮은 풀들은 제구실도 못 하고 물에 잠기고 말 텐데. 고것들, 반짝 틈새를 노리는 불루오션의 천재들이구나. 그리고 보니 가뭄이 오기를 학수고대하는 녀석들이 아닌가.

풀들이 씨를 여물릴 때까지 비가 안 올까? 아니면 강에 물이 차기 전에 무성화無性花로 씨를 맺을까? 강바닥 풀들의 앞날이 궁금하다. 세상만물에 공평한 신이라면 저들의 일평생을 그저 무심히 내팽개치지만은 않을 테지.

사방에서 풀풀 날리는 흙먼지를 보니 새삼스레 물이 더없이 소중하게 여겨진다. 대지를 가꾸고 생명을 살리는 소중한 물! 한 방울 한 방울의 물이 모여 물길을 열어가는 강의 탄생이 궁금하다. 가뭄에도 물이 마르지 않는다던 섬진강의 탯자리. 육백 리 섬진강의 시작을 보기 위해 길을 나섰다.

섬진강의 탯자리는 전북 진안군 백운면 신암리 원신암마을 뒷산이다. 마을 끝머리를 지나 한참 가면 팔선정이라는 팔각정 앞에 선각산 안내소가 있다. 그곳에서 산길을 따라 올라가면 상추막이골에 섬진강의 발원지 데미샘이 고요히 앉아 있다.

데미샘으로 오르는 길은 호젓하다. 산 바깥세상의 소리라곤 단 한 가지도 들리지 않아 두려울 만큼 고요하다. 숲속 오솔길에 들어서자마자 발바닥엔 낙엽이 폭신하게 밟히고 새소리, 물소리, 숲의 향기가 마음을 편안하게 가라앉힌다. 힘에 부치지 않게 산길을 걷는 건 심신을 위한 보약을 먹는 것이다. 햇살이 얼금얼금 비쳐드는 오솔길을 굽이돌 때마다 파란 하늘이 앞으로 다가서곤 한다. 보일 듯 말 듯 다가섰다 물러섰다 하는 하늘이 이채로워 걸음을 멎고서 한참씩 고갤 들고 바라보았다. 누군가의 첫걸음으로 시작하여 수만 년 다지고 다져진 좁은 숲길. 길옆으로 초여름 초목들이 철을 맞추느라 노랑, 하양, 보라, 색색으로 꽃을 피우고 있다.

누군가 그랬다. 산길에선 착한 마음이 생기는 거라고. 언제, 누가 오르내릴지 모르는 좁은 산길을 좀더 편안하게 걸을 수 있도록, 살뜰히 정성을 쏟은 흔적이 보인다. 자연스럽게 낮은 계단을 만들고 경사진 곳엔 숲에서 베어낸 나무로 경계를 지었다. 진심으로 고마워서 나도 따라 착해지고 싶어진다.

발은 산길을 따라 걷고, 귀는 물소리를 좇아 숲속을 걷다 보면 저절로 심신이 느긋해진다. 늘 바쁘다는 말을 되뇌며 조급하게 굴던 자신을 감쪽같이 잊는다. 가파르지 않아 숨찰 것도 없고 급하지 않아 서둘 것도 없으니 숲속 오솔길을 산책하는 즐거움이 오롯하다. 천하에 복인이 따로 있나? 이만하면 홍복을 누리는 게지.

새소리에 맞춰 발걸음도 경쾌하다. 뻐꾹뻐꾹 뻐꾸기, 하하하호 하하하호 검은등뻐꾸기, 붕붕붕 붕붕붕 벙어리뻐꾸기가 돌림노래를 부르고 할미새, 노랑부리할미새가 날렵한 몸짓으로 숲을 가르는가 하면 박새의 고운 소리가 유난히 경쾌하다. 휘파람새, 꾀꼬리의 소리도 아름답고 유쾌하다.

하늘과 초목에게 맘껏 해찰하며 걷다 보면 큼직큼직한 돌들이 널려 있는 제법 널찍한 곳에 데미샘이 있다. 이 가뭄에 산등

성 어디에서 물이 흘러들었을까. 높은 산 어디에서 솟아나는 물길인가. 선각산은 셀 수 없이 많은 물의 씨앗을 품고 있으면서 물의 싹을 틔워 바다로 가는 길을 일러주며 제 몸에 닿는 모든 것의 목을 축여주라 이르고 있을 것만 같다.

가느다란 물줄기가 솟구쳐 오르며 간지럼을 태우는지 고운 흙이 뽀로롱 몸을 비튼다. 데미샘 바닥에는 나뭇잎 몇 이파리 깔려 있고, 물고기의 시원생물始原生物이라도 되는 양 플라나리아를 닮은 생물이 더디게 움직이고 있다.

섬진강은 무던히 넓고 상당히 길지만 시작은 조그만 샘이다. 천지간의 강물은 다 이렇듯 작은 것에서 생겨나 큰 모양을 이룬다. 새삼스럽게 처음의 중요함과 씨앗의 소중함을 느낀다. 어찌 그것뿐이랴. 지구의 70%나 되는 바다를 채우는 물. 물의 가치를 생각하니 전율이 온다.

전라도와 경상도의 이곳저곳을 지나 광양만으로 흘러가는 섬진강은 우리나라에서 네 번째 긴 강이다. 이 섬진강 발원지는 금강의 발원지와 이웃하고 있으며 전체적으로 역태극 형태라고 한다. 데미는 이 고을의 봉우리를 뜻하는 '더미'에서 왔다. 샘 동쪽에 솟은 봉우리가 천상데미이다.

이는 천상으로 올라가는 봉우리라는 뜻이다. 그러니 데미샘은 천상봉에 있는 웅달샘 또는 천상샘이란 뜻이다. 천상에서 시작하여 육백 리 섬진강이 굽이굽이 펼쳐지다가 광양만으로 흘러가 드디어 바다를 이룬다. 단풍나무와 산죽으로 둘러싸인

너덜겅에 앉았다. 나뭇잎 사이로 비치는 햇빛을 받으며 데미샘물 한 바가지 떠 마신다. 섬진강을 마시니 참으로 속이 넓고도 시원하다.

만경강의 시원

　밤샘으로 가는 산길 들머리에 들어서자 찔레꽃 향기가 반가이 마중을 한다. 유월답게 산천은 초록이 짙어가고, 나뭇잎이 뿜어내는 향긋한 내음에 머리가 맑아진다.
　만경강의 시작 밤샘으로 가는 길은 이른봄부터 겨울까지 사계절 내내 꽃천지다. 봄이면 복수초, 현호색이 지천으로 피며 바람꽃, 얼레지도 늘비하다. 여름엔 뻐꾹나리, 원추리, 천남성, 흑삼릉 등이 장관을 이루고 가을엔 산국, 구절초가 빛을 낸다. 겨울에도 빨갛고 노란 열매가 하얀 눈바탕에서 꽃인 양 아름답고, 열매를 찾아왔는지 새소리가 녹음일 때처럼 맑게 들린다.
　어느 가을, 밤샘 길목에서 난생처음 야생 고슴도치를 만났다. 가시를 잔뜩 세운 뽀얀 녀석이 길섶에 있는데 그것이 고슴도치라고는 생각하지 못 했다. 저도 사람에 놀라 풀숲으로 숨으려 하는데 작은 주둥이에 뽀얀 가시들, 생김새가 사진으로 보던 고슴도치인 걸 알았다. 서둘러 사진 몇 장 찍는 사이에 귀여운 녀석은 천천히 걸어 숲으로 들어가고 말았다.

만경강의 시원으로 가는 길은 산길이면서도 찻길이 나 있고 그러면서도 아주 자연적이다. 우거진 숲 사이로 자동차 바퀴가 만들어 놓은 두 가닥 길을 걷다 보면 새소리가 여기저기서 들려온다. 양쪽 바퀴가 지나가는 길 사이엔 풀들이 자라 길을 나누고, 보일락말락 굽은 산길의 묘미를 즐길 만하다. 누가 뭐래도 밤샘으로 오르는 오솔길은 참으로 아름답다.

얼마쯤 걸어서 통나무다리를 지나 옆길을 따라가면 밤샘이다. 도도한 만경강 강물의 성스러운 시원이라고 말하기에는 '엄청나게 시시하게' 생겼다. 발원지를 알려주는 조그만 푯말 하나 달랑 서 있고 빨간 플라스틱 통을 묻어놓은 채 방치된 듯하여 한숨이 나온다. 더구나 샘 아래의 습지는 께름칙하게 생겨 안타까움을 보탠다. 전라북도에서 시작하여, 전라북도 땅을 적시는 위대한 강이며, 전라북도에서 끝맺음을 하는 만경강의 첫 출발지가 참으로 볼품이 없다.

그러나 이렇게 시작한 한 방울의 물이 사행천蛇行川 만경강을 시나브로 돌고 돌아 너른 바다로 가는 것이다. 가는 길목마다 뭇 생명들을 키우는 농업용수로 쓰이며, 나룻배가 드나드는 뱃길을 열어주기도 한다.

만경강 발원지 밤샘. 볼품없는 샘을 살피고 있는 동안 줄곧

"시작은 미미하나 그 끝은 창대하리라."는 성경말씀이 머릿속을 떠나지 않는다. 이곳은 한 방울 한 방울의 물이 모여 조그만 샘이 되고 냇물이 되어 강을 이루고 망망대해를 만들고야 마는 위대한 시작이다. 인간의 시작도 눈에 보이지도 않을 만큼 작은, 채송화 씨앗보다도 더 작은 점이다.

밤샘은 전북 완주군 동상면 사봉리 밤티마을 657고지 남서 계곡에서 발원하여 81.75㎞의 긴 몸을 이끌고 바다로 향한다. 만경강은 호남평야의 젖줄이라고 할 만큼 평야지에 주는 혜택이 넓고 크다. 익산, 옥구, 김제의 중심부를 지나며 서해로 흘러들기까지 호남평야를 살찌우고 전북을 살리는 강이다. 만경강이 지나는 들녘은 우리나라의 주식을 지탱하는 큰 재산이다.

강은 땅의 흐름 따라 개천이 합쳐지고 때로는 다른 강과 만나 더 큰 강이 된다. 만경강은 여산면 계곡에서 발원하는 화평천과 구이면 원안덕, 모악산 남쪽 계곡에서 시작하는 삼천천, 완주군 상관면 용암리 산정 슬치재 계곡에서 발원하는 전주천, 완주군 소양면 만덕산 북쪽 계곡에서 발원하는 소양천 등이 흘러들어 한 몸을 이뤄 바다로 향한다.

산은 강의 시원을 품고 있으니 강의 어머니이자 강의 태자리다. 만경강의 발원지를 찾아 여러 차례 산을 찾아 갔다. 굳이 강이 어디서 시작하여 어디로 흘러가는지를 알아야 할 까닭이 없을 듯하지만 덕분에 강의 시원은 성스러운 곳이라는 생각을 했다.

밤샘이 있는 진뜰을 나와 보롱고개 날망 나무그늘에 앉아 쉬었다. 숲길에서 상쾌한 바람이 따라와 함께 머문다. 반대편 산 아래쪽, 전주에서 무주를 잇는 도로를 오가는 자동차 소리가 유난히 크게 들린다. 우렁우렁 큰소리로 올라와 산을 윙윙 울린다. 물이 만들어낸 물길과 사람이 만들어낸 찻길에서 나는 소리가 너무도 다르게 들린다.

물뿌랭이 마을

물에도 뿌리가 있단다.

금강물의 근원은 전북 장수군 장수읍 수분리 신무산 중턱에 있는 뜬봉샘이다. 뜬봉샘이 있는 수분리는 예로부터 '물뿌랭이 마을'이라고 불려와 물의 시작점을 말해주고 있다. 뿌랭이, 뿌랑구는 전라도 방언으로 뿌리를 일컫는 말이다. 한강, 낙동강에 이어 남한에서 세 번째로 큰 강인 금강도 뜬봉샘이라는 뿌리에서 새싹이 돋아나듯 샘물이 솟아나와 천 리(397.25㎞)나 되는 긴긴 강줄기를 따라 유유자적하며 대지를 적시고, 동식물의 목마름을 풀어주면서 서쪽으로 흐른다.

뜬봉샘에서 시작한 이 샘물은 금강의 첫 실개천인 강태등골을 이루며 물뿌랭이마을 앞에서 원수분천과 만나 장수를 지나 천천을 끼고 유유히 흐르다가 장수를 벗어난다. 정여립의 역사가 서린 진안의 죽도를 휘감아 돌아 전라북도와 충청남도 땅을 지나 북쪽을 향해 가다가 익산과 장항 사이를 거쳐 군산 서해안으로 아주 도도하게 흘러들어간다. 뜬봉샘의 물줄기를 따라가지 않고는 어찌 이 작은 샘이 거대한 금강의 시작이라고 연상이나 할까.

  동쪽에는 백두대간, 남쪽으론 호남정맥, 북쪽으로는 한남정맥에 걸쳐 있는 금강의 유역면적은 9,810㎢에 이르며 금강의 시원인 뜬봉샘은 섬진강의 시원인 데미샘이 있는 팔공산을 마주 바라보고 있다. 19번국도가 지나는 수분령 고갯마루엔 물을 나눈다는 뜻의 수분송水分松이라는 소나무 한 그루가 있다. 수분송 위에 빗방울이 떨어지면 남쪽은 섬진강으로 북쪽은 금강으로 나뉘게 된다. 한 나무에 떨어진 빗방울일지라도 한 줄기는 섬진강으로 한 줄기는 금강으로 갈라서게 되는, 전혀 다른 길을 가야 하는 운명의 기로인 셈이다.

  수분리에 들어서면 왼쪽으로 저만큼에 수분성당(공소)이 보인다. 마을 사랑방인 수분정水分亭 옆 은행나무가 댓 그루 서 있는 길을 따라 올라가면 100년 가까이 된 성당(1913년 지음)이 소탈한 모습으로 마음을 끈다. 원래는 흙기와를 얹은 기와집이었으나 지금은 함석지붕에 주홍색 칠을 하여 촌스러운 듯 정겹다. 물뿌랭이마을에 신앙의 뿌리도 깊이 박혀 있는 셈이다. 이 마을 사람들은 모두가 천주교 신자라고 한다. 성당 마룻바닥이 오랜 세월을 드러내듯 삐그덕삐그덕 고단한 소리를 낸다. 조심스레 디디며 무릎을 꿇고 정성을 바쳐 기도를 올린다. 왠지 도심에서보다 기도를 더 잘 들어주실 것만 같다. 수분성당은 화장실도 옛날식이다. 길도, 집도, 다 예스러워 정감이 넘친다.

뜬봉샘으로 가는 길엔 재미가 옥신옥신하다. 우리들의 지난 삶을 얘기하는 것같이 좁다란 골목길이 있고, 조그만 집이 있고, '뜬봉샘'이라고 쓰인 손바닥만 한 안내판이 길가 어떤 집 기둥에 못으로 박혀 있다. 그 길을 따라 오르면 주전부리가 많다. 칡순, 찔레, 오디, 버찌, 다래, 머루 등이 눈길 손길을 잡아끈다. 옛날엔 배고픔을 달래주는 소중하고 귀한 군것질감이었다.

뜬봉샘까지는 마을에서 40여 분 걸어 올라가지만 자동차로 샘 가까이 갈 수도 있다. 생태공원을 만드는 중인데 어떻게 변할지. 골짜기를 따라 벌써 방부목으로 붉은색 나뭇길이 길게 만들어졌고 몇 군데 관망소도 만들어졌다. 강태등골 건너편에선 지금도 포클레인이 오가며 공사가 한창 진행 중이다.

'금강발원지'라는 이름을 가슴에 새긴 장승이 서 있다. 이곳부터는 찻길이 없어 걸어가야 한다. 십여 년 전엔 장승이 둘이었는데 '뜬봉샘'이라고 새겨져 있던 장승 하나가 그 후 언젠간 옆에 쓰러져 있더니 지금은 아예 사라져버렸다. 장승 뒤로 난 호젓하고 멋있는 숲길을 싸드락싸드락 올라가면 드디어 뜬봉샘이다.

뜬봉샘이란 이름은 옛날 이 신무산에서 고을의 재앙을 막고 풍년을 기원하기 위해 군데군데 뜸을 뜨듯 봉화를 올렸다는 데서 유래했다는 말이 있다. 또 한 가지는 태조 이성계가 나라를 얻기 위해 전국 명산을 돌며 기도를 드릴 때였다. 신무산 중턱에 단을 쌓고 신의 계시를 기다리는데 백 일째 되는 날 골짜기에서 오색찬란한 무지개가 서고 그 무지개를 타고 봉황이 너울너울 날면서 하늘로부터 "새 나라를 열어라."라는 소리가 울려 퍼졌다고 한다. 그곳에 있던 옹달샘을 봉황이 떴던 곳이라 하여 뜬봉샘이라는 이름을 갖게 된 것이다.

어떤 전설을 담고 있는 이름보다도 물뿌랭이라는 말이 더욱 미덥고 정감이 간다. 물에도 뿌리가 있다니. 아마도 그 옛날 어느 시인이 지어낸 말이 아니었을까? 거대한 금강의 발원지 뜬봉샘. 고대로부터 금강물이 뿌리를 내린 물뿌랭이마을에 가면 내 마음에도 어느 결에 든든한 뿌랭이 하나 심겨지곤 한다.

귀래정歸來亭

 길게 혹은 짧게 집을 나서는 발길에는 일상을 탈출하는 홀가분함과 새로움에 대한 기대가 있다. 그것은 일정을 마치면 돌아올 수 있는 집이 있기에 가능하다. 지친 심신을 편안하게 쉬일 수 있고 기쁨과 즐거움을 맘껏 풀어놓을 수 있는 보금자리가 바로 집이다. 귀래歸來란 돌아옴을 말한다. 돌아올 수 없는 길을 나선다면 누구라도 감당할 수 없는 슬픔과 좌절을 갖게 되지 않을까.
 순창의 귀래정은 조선 세조 2년(1456)에 문춘공 신숙주의 아우인 신말주가 지은 정자로 순창군 순창읍 가남리 남산 위에 있다. 귀래정을 찾아 나선 날, 맑은 하늘이 앞장섰다. 멀리 산능선을 헤아리며 목적지를 가늠할 만큼 가시거리가 환히 틔었다.

사통팔달로 뚫린 어지러운 길들이 뒤로 물러서고 낮은 산자락에 안긴 가남리, 마을이 평온하다. 경사진 고샅길을 올라가는데 자그만 기와집 한 채가 시선을 잡는다. 맞배지붕에 고색창연한 기둥과 들보와 드문드문 거꾸로 박힌 창살과 어디서도 본 적 없는 아주 색다른 집이다. 벽이 없는 집 안에는 현판 세 개가 나란히 걸려 있다. 글귀로 보아 열부와 효자를 기리기 위한 집인 듯하다.

　조선시대의 양반들이 떵떵거리며 살았던 마을에 효자각이나 열녀비 같은 것들이 위풍당당하게 세워져 있다. 이런 것들을 보면 존경심이 이는 게 아니고 가문의 체통쯤 될 거라는 생각에 떨떠름하다. 그 시대의 귀감이 되었을 그들의 삶은 얼마나 고달팠을까. 이 시대의 나는 어떻게 살고 있는 것일까. 만감이 오가며 씁쓸하다.

　마을 곳곳에는 백화등, 담쟁이, 마삭줄이 축대를 감싸고 운치 있게 어우러져 마치 그것들이 집을 받치는 듯하다. 오르막과 돌담길을 굽이돌고 마을을 기웃거리면서 오죽이 빽빽한 숲을 스쳐 지나자 들깨향이 솔솔 풍겨와 후각을 건드린다. 들깨향에 발걸음이 흐뭇하다. 그 옛날 벼슬을 버리고 한양을 떠나온 선비가 이 길을 걸을 때 이리 마음이 평안했을까? 솔향기 짙은 소나무 숲 사이로 난 길이 귀래정으로 안내한다. 우거진 숲 아래엔 몇 가지 버섯들이 색색으로 돋아 있어 싸목싸목 걷는 발걸음을 잠시 멈춰 서게 한다.

귀래정은 남산 매봉 꼭대기에 늠름하게 앉아 평안하다. 순창은 물론 멀리 지리산 자락의 고리봉, 삿갓봉, 두바리, 문덕봉, 비용치가 줄줄이 늘어서 있는 산줄기와 가까이 에둘러 있는 대동산, 동산, 강천산을 느긋이 바라보고 있다. 신말주의 호를 따서 지었다는 귀래정이란 이름엔 왠지 모르게 옛 선비의 심경이 고루고루 담겨 있는 듯하다.

신말주는 어려서부터 재주가 특출하고 학문을 즐겨 사마시司馬試에 합격하고, 증광문과增廣文科에 급제, 영전을 거듭했다. 그러나 수양대군이 조카 단종을 내치고 왕위에 오르자 벼슬을 내려놓고 부인 설씨의 고향인 순창으로 낙향했다. 그는 이곳에서 한운야학閑雲野鶴을 벗삼아 지내다가 다시 상경하여 사관원, 우헌납 등 여러 관직을 지냈고, 세조 13년에 벼슬을 사양하고 다시 낙향했다. 성종 7년에는 전주부윤에 임명되어 또 순창을 떠났다가 70세에 돌아와 말년을 보냈다.

웰빙이니 힐링이니 하며 건강한 삶을 추구하는 요즘 사람들도 흔히 정년퇴직을 하고 나면 고향에 돌아가고 싶어 한다. 텃밭이나 가꾸며 자연과 더불어 노년의 삶을 살고자 소원한다. 그게 쉽게 이뤄지진 않는다. 그렇지만 오래전 옛날에 신말주는 그런 생활을 즐기기에 부족함이 없었던 듯하다. 전원생활에도 부리는 사람이 많았다. 제사를 지내고, 손님 접대하고, 노인을 봉양하고, 어린이를 양육하는 일, 관혼경조사에 필요한 물품을 밖에서 구하지 않고도 넉넉하다 했으니 뭘 더 바랄까.

조정에 나가면 고관이 되어 청색, 자색의 인끈을 띠고 공을 이뤘으며 벼슬로서 안살림을 꾸리지 않아도 되었으니 벼슬자리를 탐할 일 없고 국록을 욕심 부리지 않았던 신말주. 거기에 언제라도 돌아올 귀래정이 있으니 이 아니 홍복인가. 정자에 걸린 서거정의 귀래정기와 강희맹의 시를 줄줄 읽지는 못할지라도 상형문자를 해석하듯 그림을 보듯 꿰맞춰 풀어보았다.

  귀래정 아래쪽에 있는 남산사南山祠에는 귀래정공의 부인 설씨의 〈권선문첩〉과 여암 신경준의 〈고지도〉 등 귀한 유물이 있다. 긴 담으로 둘러싸인 사당의 크기가 가문의 위엄을 나타낸다. 커다란 기와집들보다 담 옆으로 난 좁다란 돌계단과 조그만 쪽문이 눈에 쏙 들어온다.

  커다란 돌거북 위에 세운 크나큰 남산사창건비 양쪽에 있는 두 바위 가운데에 나무가 자라고 있다. 그 나무들이 바위 속으로 실뿌리를 내리는 바람에 바위는 둘 다 두 쪽으로 갈라졌다. 기이하게 하나도 아닌 두 개의 바위에 두 그루의 나무가 각각 뿌리를 내리고 바위를 두 쪽으로 가르다니? 둘이 넷이 됨은 수가 곱으로 늘어나는 일이니 길한 조짐일까. 바위가 둘로 쪼개졌으니 흉한 기미일까. 사당 앞 잘 꾸민 마당은 손길이 덜 미쳤는지 아담하게 자란 다복솔 두 그루가 누렇게 죽어 있다. 아무리 큰 문중이라고 해도 예전처럼 제각을 가꾸는 손이 부족하긴 마찬가지일 것이다. 종가 어르신을 만나 말씀을 듣고 해설사의 안내를 받았더라면 좋았을 것을. 못내 아쉽다.

조선시대 여성의 작품으로 가장 오래 되었다는 권선문첩은 영상으로 몇 번 보았다. 이 문첩은 선을 권장하는 내용으로 선몽한 어머니의 뜻에 따라 강천사를 복원하기 위해 시주를 얻고자 신도들에게 돌려보게 했다고 한다. 붉은 종이를 이어 붙인 열여섯 폭 가운데 열네 폭은 권선문이고 두 폭은 사찰의 채색도가 그려져 있으며 뒷면은 권선문을 짓게 된 이유와 연대, 편지글이다.

설씨 부인은 사대부 집안의 정부인으로서 조선시대 어느 여성보다 훌륭한 문인이며 이 나라의 큰인물임에 모자람이 없는 분이었다고 한다. 유불제가儒佛諸家에 조예가 깊고 문장과 서화로는 신사임당보다 72년이나 앞선 분이다. 우리는 신사임당, 허난설헌, 황진이는 알아도 정작 우리 고장의 설씨 부인, 삼의당 김씨, 매창 등에 대해선 소홀히 알고 있는 건 아닌지. 이 고장의 여성으로서 그분들의 위상이 높이 세워지기를 바랄 뿐이다.

우리나라의 산과 강의 족보라고 하는 '산경표'를 만들고 음운연구서 '훈민정음운해'를 지은 실학자 여암 신경준도 귀래정의 후손이다. 여암의 고지도는 군사목적으로 한지에 작성한 것으로서 '북방강역도'와 강화 이북의 '해역도'라고 짧게 설명되어 있다. 여암의 공적이야 어디 한두 가지인가.

마을에서 가장 높은 곳에 자리한 귀래정이나 남산사가 마을을 그윽하게 내려다본다. 마을의 소리에 귀 기울이고 있는 듯

한 생각에 귀래정과 남산사를 다시 돌아본다. 높은 학문과 풍요한 재산을 소유한 인물이 만인을 위해 할 수 있는 일이 얼마나 많았을까. 그와 같은 분들이 세상을 위해 이뤄놓은 많은 업적들로 빛나는 역사가 이뤄졌겠지. 꿈을 꾸는 듯, 순간이나마 드높은 이상에 젖어보았다.

한바탕 푸지게 놀아보세

 필봉농악은 푸진 굿이다. 근심 걱정 다 날려버리고 고단한 인생일랑 내려놓고 흥이야~ 굿이야~ 나누는 정으로 맘까지 툭 터놓고 한바탕 어울려 굿판을 벌이는 것. 얼씨구나~ 절씨구나~ 흥으로 채워가는 한마당 잔치이다.
 "덩덩 덩더꿍 덩닥기 덩기닥 더덩덕꿍."
 소리를 앞세우고 풍물패가 등장하면 왠지 착 안기는 듯한 가락에 몸이 먼저 들썩인다. 마치 아주 오랜 옛날부터 몸에 배어 있기라도 한 것처럼 낯설지 않은 가락이다. 풍물을 일부러 배운 적도 없는데 조상의 피를 이어받음인지 피돌기처럼 자연스럽게 가락을 탄다.
 "하느작하느작 덩실덩실 사뿐사뿐"
 소리의 울림 따라 하나가 되는 몸짓은 민족적 특성인가. 풍물패의 손짓, 발짓, 고갯짓이 내 것인 양 자연스럽다. 쿵쿵 울리는 굿가락이 신명을 몰고 오면 내 아니 노지는 못 하리라. 굿판이 어우러지면 마음이 먼저 알아차리는 건지 몸이 먼저 알아채는 건지, 마음도 몸도 건들바람을 타는 듯 들썩들썩 꿈틀꿈틀, 맘과 몸짓이 함께 신바람을 날린다.

〈호남좌도필봉농악〉

국가 중요무형문화재 제11-마호 호남좌도필봉농악은 전북 임실군 강진면 필봉마을에서 전승되어온 호남좌도 농악의 대표적인 풍물굿이다. 호남좌도 동부지역은 산악지대로써 필봉마을 역시 산으로 둘러싸여 있으며 예로부터 외부와의 교류가 원활하지 못한 지역적 특징으로 인하여 전통적인 마을굿의 형태를 가장 잘 보존하고 있다.

필봉마을굿의 역사는 300년 정도로 추정하나 오늘날과 같이 수준 높은 풍물굿으로 발전하게 된 것은 1920년경에 좌도지역의 유명한 상쇠 박학삼 선생을 필봉마을로 초대하면서부터다. 박학삼 씨는 강진면 출신으로 필봉마을에 이사를 하여 필봉굿의 기본적인 틀을 마련하였다. 그 뒤 송주호 상쇠를 거쳐 허튼가락과 부들상모의 명인이었던 상쇠 양순용 씨에 이르러 필봉굿은 꽃을 피우게 된다. 양순용 씨는 풍물굿의 전승과 보급에 심혈을 기울여 전국에서 찾아오는 젊은이들에게 필봉굿을 가르치다가 1995년에 별세하고 그의 아들 양진성 씨가 대를 잇고 있다. 양진성 씨는 필봉굿을 더욱 활기차게 전국에 알리고 세계적인 굿판으로 키워가고 있다.

필봉굿의 계보는 전판이 - 이화춘 - 박학삼 - 송주호 - 양순용 - 양진성으로 전승되고 있다. 필봉굿의 특징은 허드잽이가 많으며, 가락 구성은 호허굿가락, 채굿가락, 영산굿, 도둑잽이굿, 수박치기, 싸잽이굿 등으로 필봉굿에서만 볼 수 있다. 앞굿 중심이 강한 다른 지방의 농악에 비해서 필봉굿은 뒷굿 중심 또는 놀이 중심에 치중한다.

쇠가락과 꾸밈새에 있어서 호호굿가락, 오채질굿, 노래굿의 간주는(열두마치) 특이한 혼합박자이며 쇠잽이의 머리에 쓰는 상모(전립)는 필봉농악만의 특징이다. 농악대의 편성은 농기, 영기, 나발수, 대포수, 창부, 조리중, 양반, 무동, 농구, 화동, 각시, 쇠잽이, 장고잽이, 북잽이, 소구잽이 등으로 구성된 필봉굿의 종류에는 섣달그믐에 치는 매굿, 정초에 치는 뜰볿이(마당밟이), 정월아흐레에 치는 당산제, 보름날에 치는 찰밥걷이굿, 보름날 징검다리에서 치는 노디고사굿, 보름이 지나 다른 마을에서 치는 걸궁굿, 여름철 김매기에 치는 두레굿, 큰농악을 치기 전에 치는 기굿, 큰 마당에서 치는 판굿 등이 있다.

마당밟이굿에서는 문굿, 샘굿, 마당굿, 조왕굿, 철륭굿, 샘굿, 곡간굿, 성주굿 등이 이루어지며 화려한 판굿의 순서는 길굿, 칠채굿(일채에서 칠채까지), 호허굿(진다드래기, 호허굿, 돌호허굿, 자진호허굿, 중삼채, 휘모리), 풍류굿(느린풍류, 반풍류, 갠지갱, 휘모리), 미지기영산, 가진영산, 다드래기영산,

노래굿, 수박치기, 둥지기, 군영놀이, 도둑잽이, 탈머리, 대동굿의 순서로 진행된다.
  임실 필봉농악은 쇠가락(농악의 대표격인 꽹과리 가락)의 맺고 끊음이 분명하여 가락이 힘차고 씩씩하며, 개개인의 기교보다 단체의 화합과 단결을 중시한다. 예능보유자로 양진성이 인정되어 보전하고 있으며 세계를 향해 발판을 넓혀가고 있다.
  ― 이상 〈호남좌도필봉농악〉의 상당 부분을 양진성
             씨에게 듣고, 자료를 인용하였음

 풍물굿은 풍년과 마을의 안녕, 집안의 무사태평, 가족의 무병장수를 빌면서 한껏 재주를 부리는 놀이이다. 마을사람들로 구성된 굿패는 액을 물리치고 복을 불러들이고자 하는 바람 말고도 마을사람들의 화합과 단결을 다지고 싶은 소망을 담아 한마음으로 굿을 친다.
 풍물굿은 우리 삶에서 기쁨이나 슬픈 정서를 표현하고, 얽히고설킨 감정을 훌훌 풀어낸다. 또 소원하는 것들을 빌고, 사람과 사람끼리 어우러져 믿음을 쌓고 정을 나누는 행위의 비나리이다.
 필봉과 가까운 거리에 있는 친정마을에도 옛날부터 가끔 굿을 쳤다. 요즘은 무대나 행사마당에서 공연하는 것처럼 굿을 치고 보는 사람도 다소 심드렁하지만 옛날엔 굿치는 소리가 나면 온 동네가 굿판이 되고 어른 애 할 것 없이 마을사람들

모두가 굿패나 구경꾼이 되었다.

1950~1960년대, 굿치는 날이면 어머니는 바빴다. 굿판에는 장구치고 북치는 굿쟁이들뿐만 아니라 이래저래 따라다니는 사람들이 많았다. 어머니는 집안을 할머니에게 맡기고 굿패들과 함께 어울려 밖으로 돌았다. 할머니는 챙이(키)로 쌀을 까불러 말에다 소복하게 담아놓고 그 위에 들기름 접시를 올려 무명실로 만든 심지에 불 켤 준비를 한 다음 굿패들이 우리 집으로 오기를 기다렸다. 고샅을 돌아오는 질굿(길굿) 소리를 감 잡아 굿패를 정성으로 맞아들이고 집안 구석구석을 빼놓지 않고 굿을 시원스럽게 쳐주기 바랐다. 손녀딸 손을 잡고 먼 데서 들려오는 굿 소리에 살짝살짝 장단을 맞추기도 했다. 지금도 또렷한 건 굿 소리가 "방구석도 네 구석, 정지구석도 네 구석" 한다며 가락을 치던 모습이다. 할머니의 고리짝에는 화전놀이 때 장고를 앞에 두고 채를 잡고 두드리며 찍은 사진이 있었다.

필봉에 굿을 보러 여러 번 갔다. 어느 여름날엔 그곳에서 하룻밤 묵으며 연수 중인 수강생들의 신명나는 굿판을 구경했다. 정월대보름날이면 필봉 작은 마을은 자동차가 끝도 없이 늘어서 있고 고샅은 먼 데서 굿 보러 온 사람들로 북적인다. 굿판을 볼 때면 1995년에 작고하신 양순용 어르신의 굿을 한 번도 보지 못한 게 안타까워진다. 다행히 아들 양진성 씨가 훌륭하게 이끌어가고 있으니 이제라도 원 없이 즐기고 본다.

양진성 씨는 굿도, 입담도 푸짐하여 그가 굿을 칠 때면 입담이 구경꾼들을 사로잡는다.

"일 년 열두 달 삼백육십오일 물 묻은 바가지 깨 달라붙듯이 복이 다갈다갈 붙으라고 굿을 치는디 말여."

"얼씨구!"

"오방신장 합다리 굿에 잡귀 잡신을 몰아내고 명과 복과로 굿을 한번 쳐보는디."

"그렇지!"

굿쟁이와 구경꾼이 주고받는 말에는 흥과 끼가 넘치는 묘한 매력이 살아 있다.

세계가 하나로 이어지는 요즘 세상. 어디에 내놓아도 무엇 하나 뒤지지 않는 우리의 필봉굿은 언어가 다른 여느 나라 어느 사람이라도 하나로 소통할 수 있는 가락이다. 필봉굿은 한국의 명품 전통예술이다.

변함없는 변화

 솔향기가 물씬 풍겨오는 산길에 접어들자 비꽃 몇 방울 가벼이 떨어진다. 숲은 어젯밤 내내 가랑비에 젖었는지 촉촉하다. 서두를 것도 없이 한 걸음 한 걸음 오르는 인적 없는 산길은 비가 오면 비 오는 대로 그 나름의 정취가 있다. 살살이꽃 마른줄기에 맺힌 물방울이 눈망울인 양 반짝인다. 지난가을 날 아름답던 제 모습을 기억해 달라는 듯 길을 향해 허리를 숙이고 있다. 소리도 없이 어깨에 내려앉는 안개비를 맞으며 걷는다.

 지금은 시멘트로 되알지게 덮여 있지만 옛날엔 아주 좁다란 오솔길이었다. 앞서간 동행들의 모습이 사라진 지 오래건만 다급하지도 쓸쓸하지도 않다. 가파른 산길이 숨차지 않고, 부실해진 무릎 관절의 아픔이 서글프지도 않다. 이것은 숲속의 나무와 돌과 계곡과 마음을 털어놓고 소통을 이루기 때문이다. 오랜만에 남들의 빠른 속도를 맞추려 애쓰지 않고 내 속도에 맞춰 여유를 부린다.

조용히 숲을 감싸고 있던 안개비가 점점 보슬비가 되어간다. 우산을 펴드니 짐 하나 보태진 듯 몸이 무겁다. 가방 안에 들었거나 손에 들었거나 우산의 무게는 매 한가지인데 거추장스럽긴 딴판이다. 늘 속에 담고 다니는 생각의 무게도 마음자리에 따라 천차만별이다. 어느 땐 돌덩이같이 무겁기 한량없고 오늘 같은 날은 꼭 안개구름만큼의 무게로 마음의 평정을 잡아준다. '마음먹기'는 인생이란 길에서도 항상 잡힐 듯 말 듯 한 화두다. 산길을 굽이도니 백장암이 보인다.

백장이라는 이름은 백장선사의 이름에서 딴 것이라고 한다. 백장선사는 "하루 일하지 않으면 하루를 먹지 않는다."라는 '백장청규'를 만들고 그걸 실천하신 분이다. 그의 스승 또한 '평상심이 도이며 마음이 곧 부처'라고 설법한, 마조도일선사이다. 한 집안에도 가문의 법도가 있어 그에 맞춰 살고자 하거늘 하물며 이런 사찰에서는 말할 것도 없이 대표선사의 가르침을 행할 것이 아닌가. 백장암에 들어서기도 전에 벌써 마음이 맑아진다.

오락가락하던 보슬비가 실비가 되어 내린다. 백장암은 텅 빈 듯 조용하기만 하다. 누런 잔디밭에 석탑 하나, 석등 하나, 기울어진 부도 둘, 부스러기 같은 문양석 몇 개가 한쪽에 대충

쌓여있다. 저만치에 아주 작은 집 두 채가 서 있긴 하나, 울타리처럼 늘어선 대나무 뒤로 백장선원을 비롯한 절집이 있다는 걸 못 보았으면 몹시 허우룩했을 것이다.

어쨌거나 우리가 보고자 한 건 이 황량한 터에서 비를 맞고 서 있는 석탑과 석등이다. 방금 걸어온 비 오는 날의 풋풋하고 호젓한 숲길은 답사길에 덤으로 얻은 행운이다. 비에 촉촉이 젖은 석탑과 석등이 까맣게 윤기를 내고 있다. 빗물에 젖은 탑의 색깔이 짙어 진중함이 돋보인다. 오랫동안 보고 싶어 했지만 대뜸 다가가기 송구하여 마음을 고르고 있으려니 맨몸으로 비를 맞는 늙은 감나무가 지그시 내려다보고 있다. 나무도 늙으면 너그러워지는가. 감나무가 제 살갗을 내주어 생명을 더불어 살게 한다. 고목의 갈라진 수피 사이사이에 더부살이 하는 이끼들이 마침 비를 맞고 초록으로 활기를 띠고 있다.

돌로 태어나 수만 년을 살았을 것이고 모양을 바꾸어 수천 년을 살아왔을 석탑과 석등이 세월 따라 만들어낸 돌꽃. 검정 돌이 빗물에 젖어 멀리서 봐도 매끈하고 아름답다. 가까이 다가섰다. 대숲 앞에 곱게 쌓은 축대를 배경삼아 잔디밭에 서 있는 석탑과 석등은 세월의 파란에 시달리다 제자리를 잃었는지 앉음새가 어색하다. 저들에게 딱 맞는 자리에서 오래오래 편안했으면.

보물인 백장암석등은 단아하다. 잠시 이 석등을 빚은 석공의 모습을 그려 본다. 마치 대리석으로 깎은 듯한 얼굴에 머릿

수건을 두르고 흐트러지지 않은 모습으로 돌을 다듬었을 것이다. 심성이 올곧은 석공은 이 석등을 조각하며 세상을 위해 염원했을 것만 같다. 세상의 얽히고설킨 일들을 복잡하지 않고 간결하게 해주십사 하는 바람으로, 무명 치마저고리를 입은 곱다란 새색시 같은 이 석등을 만들었을 것이다. 이 석등은 수많은 사람들의 기도를 헤아려 함께 빌었을 것이다. 사방으로 뚫린 화창을 통해 은은한 밝음을 내보내며 기도하는 이들에게 희망을 불어 넣어줬을 테다.

　백장암삼층석탑은 자그마하다. 화려하지만 기단이 낮고 탑신의 구조가 엉성해 보인다. 탑신에는 곱게 단장한 보살상과 가랑이 사이에 흉상을 낀 신장상이 서 있으며 선명하게 도드라진 문고리가 마치 실물 같아 잡아보고 싶다. 2층탑신은 악기를 연주하는 주악천인상들이다. 돋을새김한 비천상들이 긴긴 세월 동안 빚어낸 소리는 중생들의 소원을 담아 하늘까지 닿았을 것이다. 천인상들이 앉아 있는 3층탑신 지붕 처마쯤에 보살님들이 줄줄이 앉아 있는 걸 보면 이 주악은 천상으로 오르는 모양이다. 지붕돌 아래 연꽃문양을 비롯하여 돌탑의 문양은 신심과 예술혼이 담겨있어 그 솜씨에 감탄하지 않을 수 없다. 온 힘을 다해 탄생시킨 걸작임에 틀림없다.

　혹 이와 꼭 닮은 탑이 하나 더 있지 않았을까? 이층과 삼층의 탑신은 본래 서로 다른 몸이 아니었을까? 실상사나 보림사에 쌍탑이 서 있고 감은사지에도 꼭 닮은 동탑과 서탑이 있다.

또 다른 탑이 땅속 어딘가에서 세상 빛 볼 날을 기다리며 묻혀 있을지도 모르겠다. 탑 옆에 아직 제 자리를 찾지 못한 게 분명하다 싶은 부도 두 기가 기우뚱하니 앉아 있다. 석등의 배퉁이라도 될 법한 돌들도 짝을 잃고 하 많은 세월을 살아온 듯 그나마 햇빛에 나와 있음이 다행인지 켜켜로 아무렇게나 쌓여 있다. 누가 저 속사정을 알까.

인간은 망각의 동물이고 시간이 지나면 잊히는 것이 세상 이치라고 한다면 온전하게 남아 있는 것들이 생멸의 이치를 거스른 게 아닌가. 귀한 것들이 점점 사라져 간다. 몇 해 전에 남해에 있는 향일암 대웅전이 불탔다. 그보다 앞서 국보 제1호 숭례문이 불타고 난 후엔 불에 대한 면역력이 늘었는지 그 놀람이 반감된 것인지 이제는 한숨 몇 차례 쉬고 넘긴다. 아픈 상처도 시간이 지나면 무뎌지듯 이런 큰 사건들도 역사에는 담담하게 기록되어질 것이다.

속삭이듯 비가 내린다. 눈송이가 살포시 내려오는 것마냥 비가 조용히 내린다. 귀 기울여야 들리는 이 소리가 탑신에 새겨진 악사들의 연주소리 같다. 감미롭다. 대숲은 겨울이어서 더욱 푸르고 돌탑은 겨울비에 더욱 검어진다. 월동준비를 마친 잔디는 노르무레하다. 비의 장막에 앞산이 뿌옇게 가려진다. 멀어진 듯 점점 깊어지는 색상은 층층으로, 겹겹으로, 순간마다 한 폭의 그림이 되어간다.

오늘의 화두를 찾았다. 변화!

점이 움직여 선이 되고 선의 번짐으로 발묵潑墨을 이끌어 완성시키는 묵법. 자연이 지어내는 진경산수화의 탄생은 살아있는 변화다. 세상은 살아있기에 변하는 것이다.

꽃샘잎샘바람

 느닷없이 북쪽 하늘이 깜깜하고 찬바람이 폭풍처럼 몰려오는가 싶더니 후두둑 소낙비까지 냅다 달려와 쏟아진다. 사나운 사람 성질부리듯 짓궂은 날씨에 오싹 한기가 든다. 느닷없는 꽃샘잎샘바람에 매화꽃이 사방으로 나부끼며 꽃보라를 친다. 비는 함성처럼 우우우~ 다가와 한참을 머물더니 패거리들 몰려왔다 몰려가듯 자리를 떴다. 마치 뒤끝 없는 성깔 사나운 사람이 다녀간 듯 어안이 벙벙하다.
 겨우내 꽃눈 키워 우아하게 벙글었던 목련꽃이 속절없이 떨어져 나무 아래가 하얗다. 야박하기도 하지. 아름다이 피운 꽃들을 이렇게나 매몰차게 짓밟고 가다니.
 퇴근시간이 되어 비가 몰려갔던 길을 따라 바람만바람만 걷는다. 거리엔 아직 비 온 뒤 서늘한 바람이 남아 옷섶을 여미게 한다. 계절이나 날씨와 관계없이 오며가며 들르는 덕진공원의 안부가 궁금하여 그곳으로 발길을 옮긴다. 옆문으로 들어서니 길바닥에 작은 솔방울 같은 열매가 즐비하다. 무슨 열매가 이렇게 앙증맞고 예쁠까 생각하며 대여섯 개 주워들고 올려다보니 메타세쿼이아가 우두커니 서 있다. 순간의 비바람에 열매를 빼앗긴 키다리 나무가 온몸이 젖은 채 울먹이는 것만 같다.

　공원 안으로 들어가니 여기저기 나무 아래 매화나 목련꽃같이 봄을 서둘러 핀 꽃들이 몽땅 떨어져 바닥에 널브러져 있다. 짓궂은 바람 탓이 저절로 나온다. 그러거나 말거나 연못가 실버들은 가닥가닥 봄물을 머금고 늘어져 살랑인다. 저리도 가늘고 여린 실가지가 찬바람에 얼지 않고 겨울을 버티더니 천둥벌거숭이처럼 불어 닥친 비바람도 잘 견디었구나.

　연못이 요즘 봄맞이로 술렁거렸다. 지난여름 연꽃들이 수천만 송이 촛불처럼 피어올라 장관을 이루더니, 가을 언제부터 몸을 갈색으로 바꾸고, 겨울엔 꽃대와 잎줄기를 꺾어 기하학적 모양으로 온 연못에 전시관을 차렸다. 그러더니 봄이 오는 기색을 일찍이 알아챘는지 제 몸을 물속 진흙땅에 뉘이며 의연하게 봄갈이를 하고 있었다. 바짝 마른 줄기가 어떻게 봄기운을 느낄 수 있는 걸까. 과학처럼 오차 없는 자연의 이치에 놀랍기만 하다.

　그렇구나. 봄에 비바람이 치는 것도 다 이유가 있었구나. 문득 자연의 흐름에 헛된 것이 없다는 생각이 든다. 고맙기도 하지. 꽃잎이 수북이 떨어졌지만 금방 핀 꽃들은 바람이 아무리 흔들어도 떨어지지 않았지. 메타세쿼이아가 새 잎이 나와야 할 때까지 차마 열매를 떨어뜨리지 못해서야 되겠는가. 씨앗을 바람에 날린 빈 열매는 이제 그만 떨어져 새싹을 틔우도록 해야 하는데 나무에 죽치고 매달려 있었으니.

어미가 된 큰딸은 모유 수유를 딱 육 개월만 하겠다고 당차게 말했었다. 그러나 돌이 지나고도 반년이 다 되도록 젖을 떼지 못한 채 제 자식과 젖 뗄 날 약속을 한다. 몇 월 며칠까지만 먹기로 약속을 하면 그 즈음에 아기가 열이 나곤 하여 저절로 약속이 서너 번이나 미뤄지고 있는 중이다. 서로 애를 먹는 딸내미와 외손녀를 떠올리니 애처로움이 더한다.

젊은이들이 제때에 일자리를 찾지 못하거나 결혼을 미룬 채 자립하지 못하고 부모에게 의존하는 경우도 있다. 취업이 어렵고 소비성향은 점점 높아져 캥거루족이니 니트족이니 생소한 말이 생겨난다. 그런 자식을 남 보듯 할 수 없으니 헬리콥터 부모라는 말도 생겨 실태를 짐작하게 한다.

그러고 보니 오늘 같은 봄날에 갑자기 몰려오던 깜깜한 구름과 거친 비바람이 불어야 하는 것은 자연의 절대적 이치인가 보다. 봄이 다 오도록 차마 떨어뜨리지 못한 열매들을 세찬 손길로 흔들어 떨어뜨려준 바람에게 오히려 감사할 일이 아닌지. 봄이면 잔정머리 없이 불던 꽃샘잎샘 바람에게도 그만한 소임이 있었구나 생각하게 된다. 오후 내내 얄밉게 느껴지던

비바람이 오히려 고맙고, 바람에 두들겨 맞아 짠하게 보이던 것들이 도리어 기특하게 보인다.

찬란한 봄을 맞으려면 찬비 몇 바탕 뿌리고 찬바람 몇 차례 불어야 한다는 걸 새삼스레 떠올린다. 춘삼월에 장독이 얼고 사월에 느닷없는 폭설이 내리기도 한다.

시련의 아픔이 있어야 사랑이 여물듯 올해도 아름찬 봄이 열리겠다. 묵은 열매 떨어졌으니 새 잎이 돋을 것이다. 그 자리에 탐스럽게 꽃이 피고 꽃이 진 자리에 새 열매가 맺히겠지.

비 그치고 하늘이 떠들자 공원에 사람들이 하나 둘 거닐기 시작하고, 솜사탕 장수도 수레에 갈무리했던 짐을 다시 풀어 열고, 접었던 파라솔을 편다. 언제 비가 왔냐는 듯 연못에 석양이 길게 눕자 늦게 핀 목련들이 더욱 환하게 빛을 낸다. 오리, 쇠물닭, 원앙도 부지런히 봄을 껴안는다. 일찍 물오른 나무들은 제각각 봄의 색깔로 공원을 꾸민다. 동지가 지나면서 점점 길어진 해가 서녘 하늘에 머물러 연못을 길게 비춘다. 봄이 오는 길목의 봄 물결이 새롭게 반짝인다.

새의 날개를 달다

 어둠이 채 가시기 전부터 마음을 꾸렸다. 어젯밤 빗소리에 잠을 뒤척이다가 "그래, 내일 아침 동이 트면 나서자. 늘 새 아침이 오는 걸 듣보기하고 싶어 했는걸." 혼잣말로 중얼거린다. 모처럼 아침밥을 하지 않아도 되는 소소한 일이 이렇게 홀가분하고 여유롭다니.
 창문을 열자 새소리가 싱그럽다. 새들은 어떻게 시간을 알지? 새들이 빛을 부르는 듯한 그 맑은 소리를 지저귀면 먼동이 튼다. 작은 새들의 지저귐이 멎고 일찍 일어난 백로 대여섯 마리씩 아파트 벽을 비켜 허공에 만든 길을 따라 날아갈 때쯤 동녘이 발그레 분홍빛을 띤다. 백로의 느긋한 날갯짓을 보면 나도 따라 꿈틀 날개를 치고 싶다.
 비 온 다음 날 초여름 아침, 기다란 골목길이 말끔한 민낯이다. 한창 꽃을 피우고 있는 산딸나무의 하얀 포엽(苞葉)이 흰 새의 날개처럼 눈부시다. 아직 거리는 잠에서 깨지 않았고 가게들도 문이 잠긴 채 새벽 단잠에 취해 있다. 바람 한줄기 돋을볕한 가닥 나풀나풀 초록 잎사귀에 뒤척이자 간밤에 오래도록 불 밝혔을 거리의 고단함이 기지개를 켠다.

새의 날갯짓인 양 살랑살랑 옷자락을 팔랑이며 덕진연못에 이른다. 집에서 빠른 걸음으로 반시간 남짓한 거리. 가방을 꾸려 멀리 가야만 여행인가. 여럿이 떼를 지어 떠나야만 여행인가. 나는 오늘 가장 편안한 차림으로, 날아갈 듯 가벼운 마음으로, 내가 나서고 싶은 첫새벽에 집을 나선 것이다. 홀로, 내 안의 나와 손잡고 가깝지만 먼 길을 떠난 것이다.

삼만여 평의 덕진연못은 오래된 친구처럼 임의로운 곳이다. 이른 시간이라 갓 맑은 공기와 낭랑한 새소리만 가득할 거라 생각했는데 연못 주변은 벌써 부지런한 사람들이 와 있다. 눈인사도 나누지 않았지만 낯설게 느껴지지 않는 그들과 더불어 천천히 걷는다.

아직 일러 연꽃은 피지 않았으나 드넓은 연못은 어느새 수면 가득 자잘한 연잎으로 덮여 있다. 바람결에 다가오는 연향이 나도 모르게 걸음을 멈추게 한다. 눈을 감고 살며시 숨을 들이쉰다. 이보다 더 좋은 향기가 있을까. 둘러봐도 보이지 않는 향기가 오는 듯 멀어지고 멀어진 듯 다시 스쳐가곤 한다. 연향은 꽃에서만 나는 게 아니다. 연잎이 돋는 오월이면 연지에는 벌써 연향이 솔솔 피어나기 시작한다.

지금은 수면을 덮고 있는 손바닥보다 작은 연잎이지만 단오쯤이면 기세당당하게 물위로 줄기를 키워 무성한 연의 숲을 이룬다. 그리고는 겹겹의 그리움을 다소곳이 오므려 안고 분홍빛 촛불을 켜듯 봉긋봉긋 봉오리가 솟는다. 꽃봉오리 속에 연두색 꽃심을 품고 피어나는 분홍빛 아름다운 자태를 어찌 말로 다하랴. 수백만 송이 연꽃이 찬란하게 필 때면 전국에서 찾아오는 사람들로 덕진공원이 가득 붐빈다. 분수와 음악이 흐르는 야경 또한 볼거리로 손색이 없다. 연향은 밤이 되면 더욱 은은하게 퍼져 가슴을 설레게 한다.

벤치에 앉아 느긋하게 이른 아침의 연못을 둘러본다. 연못가를 휘돌아 큰 돌 틈틈이 노랑꽃창포가 환히 피었다. 말갛고 선명한 노란색이 가까이 볼수록 곱다. 부들도 벌써 나긋나긋한 긴 잎이 모닥모닥 무리를 이뤘다. 연잎 사이로 오리들이 오락가락 노닐고, 쇠물닭이 꽁지를 치켜들고 물속으로 쏘옥 들어갔다가 저만치서 붉은 볏을 앞세워 불쑥 올라온다. 논병아리도 새끼 칠 자리를 다듬는지 부부가 함께 부지런을 떤다. 왜가리 의젓하게 서 있는 위로 백로가 유유히 날아간다. 숲에서는 이름 모를 새들이 쉼 없이 초여름을 노래하고 연못가에 죽 서 있는 오리배들은 호수 위로 날아갈 시간을 찰랑찰랑 기다린다.

물과 꽃과 새와 나무, 정자와 다리, 시비詩碑와 오래된 추억이 머무는 덕진연못은 오래 머물러도 지루하지 않다. 봄, 여름, 가을, 겨울 어느 철이나 볼품이 있고 비 오는 날이나 눈 오는 날, 바람 부는 날, 어느 때 와도 새로운 볼거리가 기다린다. 도심 한가운데 이만한 곳이 있다는 것은 전주의 축복이다.

 정자 한켠에 앉았다가, 연못가 돌팍에 앉았다가, 출렁출렁 현수교를 걷기도 하면서 실컷 해찰하며 홀로 여유를 누리는 맛이 쏠쏠하다. 묵은 나무들이 휘어지고 늘어진 곳에서 물총새 한 마리가 쏜살같이 날아와 연못 가운데 말뚝에 앉는다. 햇빛에 반짝 빛나는 푸른 빛깔이 어찌나 고운지 한참이나 서서 또 날기를 기다렸지만 물총새는 미동도 않고 물만 응시한다. 연못에 사는 수많은 물고기는 언제나 연한 연잎을 젖히고 물방울을 튕기며 튀어 오르려나. 작은 물고기가 찰나에 물총새의 먹이가 되어버리면 어쩌지. 바라보는 내가 양갈래 마음으로 조바심이 나는구나.

 갈대가 쑥쑥 키를 키우는 나무다리를 건너 가까이에 있는 전라북도문학관으로 향한다. 말쑥한 집들이 즐비한 호반촌 골목은 길을 잃고 헤매도 좋은 곳이다. 담 너머로 철따라 피는 꽃구경을 하고 가을이면 주홍색 감들이 주렁주렁 열린 풍경도 볼 만하다. 마당에 꽃들이 한창일 때는 대문을 활짝 열어두고 길손들에게 꽃구경을 하게 하는 집도 더러 있다. 문학관을 관람하고, 《혼불》 작가 최명희 선생 묘소에 들러 합장하고 인사드린 후 오석에 새긴 혼불의 명문장들을 읽는다. 어쩜 이리도 우리말의 묘미를 잘 살려 찰지게 풀어냈는지.

 단풍나무 숲을 내려와 대지마을 골목길을 지나 복숭아밭 가운뎃길을 서나서나 걷는다. 오목눈이가 모여 사는 덤불숲을 지나갈 때는 나도 새가슴이 되어 팔딱거리며 두근댄다. 작은 새들이 떼 지어 몰려다니는 모습이 마치 조그만 나뭇잎이 바람에 휘리릭휘리릭 날리는 것 같다. "비비비비 비비비비……." 덤불을 스치는 듯한 작은 새소리는 언제 들어도 기분 좋아 꿈결 같다. 사랑스럽다. 오송제가 보일락 말락 하는 산길을 두고 한국소리문화의전당으로 가서 웅장하고 아름다운 공연장과 잘 가꿔진 조경수들을 구경한다. 길목에 선 왕버들나무 군락을 둘러본다. 이 나무는 이른봄, 물이 오를 무렵부터 온몸으로 풋풋한 향기를 품어낸다. 나무 사잇길로 지나칠 때마다 저절로 코가 벌렁거려진다. 속까지 시원한 향내.

 전주 이씨 시조 이한의 묘역인 조경단으로 가는 길목. 꽃과 나무가 우거진 곳에 내가 좋아하는 '鳶飛魚躍연비어약'이라는 웅장한 비석이 있다. '솔개는 하늘을 날고 물고기는 연못에서 논다.'는 이삼만 선생의 명필 앞에 서서 그분을 생각한다. 조경단 앞을 지나 건지산 숲길을 걸어 집으로 돌아오는 길. 쉬엄쉬엄 걸었지만 제법 노작지근하다. 숲속 상큼한 공기를 마시니 기분일랑 더없이 상쾌하다. 새들도 하루를 마무리하는지 떠들썩하게 석양을 노래한다. 해가 긴 철이어서 오달진 오늘 하루. 나도 집으로 돌아와 조용히 날개를 접는다.

■ 작가연보

전북 임실 출생
전주기전대학교 심리상담과, 한국방송통신대학교 국어국문학과 졸업
1998년 6월 『지구문학』에 수필 등단
수필집 『꿈꾸는 달항아리』, 『썰마의 꿈』, 『봄향을 담은 달항아리』,
　　　『별탑』
시집 『물뿌랭이 마을로 가는 길』, 『겨울을 날다』

활동

임실문협 편집국장 · 부회장, 전주문협 편집국장 · 부회장, 전북문협 사무국장 등 지냄
한국문협 문학사료발굴위원. 국제펜클럽. 전북문협 이사, 임실문협, 전주문협. 전북펜 감사. 전북수필 이사, 전북시협 이사 등

수상

1993년 글사랑 대상
1994년 전북여성백일장 우수상
2009년 허균문학상
2010년 윤동주시낭송대회 대상
2011년 임실문학상
2012년 한국방송통신대학교 문예지경연대회 장려상
2015년 사임당문학상
2016년 전북문학상

2016년 한국예총상

2017년 정읍사문학상

2017년 전북수필문학상 등

1993년 국립전주박물관 '문화유적 답사기' 『얼, 멋, 길을 찾아서』 편집
주간.

2012~2013년: 전북농업기술원에서 '저널리스트 교육' 강사.

2007~2014년: 전북도민일보 도민기자.

2000~2012년: '전주시립도서관사랑모임' 회장, 도서관운영위원, 도서관
평가위원 등

2021~2024년: 전북실버방송 방송작가.

2024~현재: 『좋은수필』 편집장.

현대수필가 100인선 Ⅱ · 68
김추리 수필선

아르카디아

초판인쇄 | 2025년 08월 15일
초판발행 | 2025년 08월 20일

지은이 | 김 추 리
펴낸이 | 서 정 환
펴낸곳 | 수필과비평사 · 좋은수필사

주 소 | 서울시 종로구 삼일대로 32길 36.
       (익선동 30-6) 운현신화타워 305호
전 화 | 02)3675-5635, 063)275-4000
등 록 | 제300-2013-133호
홈페이지 | http://www.shinapub.com
e-mail | essay321@hanmail.net

값 10,000원

ISBN 979-11-5933-601-0 04810
ISBN 979-11-85796-15-4 (전 100권)

* 저자와 협의하여 인지는 생략합니다.
* 잘못된 책은 바꿔 드립니다.